清末民国法律史料丛刊·京师法律学堂笔记

刑事诉讼法

清末民国法律史料丛刊·京师法律学堂笔记

主编 何勤华

刑事诉讼法

[日]冈田朝太郎 口述
熊元襄 编
李凤鸣 点校

上海人民出版社

国家出版基金项目
NATIONAL PUBLICATION FOUNDATION

京師法律學堂筆記

总　序

探究近代法律文明的根源与脉络，已成为我们理解并提升自身价值的借镜，为此我们一直努力着。近十年来，我们已陆续点校出版“中国近代法学译丛”、“华东政法学院珍藏民国法律名著丛书”、“大清新法令”、“新译日本法规大全”等诸多清末民国时期的著作，这些点校作品大多以当时的法学译著、专著及法典为主，而包括清末民国时期法律讲义、辞书等在内的基本法律史料则因分布较为分散、查阅难度较大，以及数量庞大等原因而迟迟未能着手整理。因着机缘际会，华东政法大学外国法与比较法研究院于 2011 年仲夏从私人收藏者手中购得两千余册藏书，其中以民国时期出版的法律书籍为主，这使我们有机会将此类法律基本史料较为完整地展现在读者面前。

“清末民国法律史料丛刊”包含京师法律学堂笔记、朝阳大学讲义等清末民国时期的“法律讲义”，以及“法律辞书”与“汉译六法”三大系列。

大学的法律讲义是近代法律学科发展的重要基石。在中国法律近代化的过程中，众多学者孜孜以求，为法学之发展付出大量的心血和精力。清末民初，随着留学生的派出与西方学术的引进，法律教育也为之耳目一新。这些讲义中所探讨的许多基本学术问题,并未因时光流逝而丧失其价值。相反,这些问题对于当代法学教育工作者而言,仍然意义重大,具有不可替代的参考作用。

法律辞书的编纂汇集了民国时期法律学者的群体智慧和力量,选入本丛刊的民国二十三年三月由大东书局出版的《法律大辞典》即为汪翰章、罗文干、戴修瓒、郑天锡、张映南、张志让、陈瑾昆、翁敬堂等十余位著名法学家的倾心合力之作。该辞书收录了中外重要的法律名词、中外法学家与立法者的生平简介、各种法律制度及相关重要事件,并对通用术语附有英文、德文、法文、意文、拉丁文等5种语言,成就了西方规范化学术成功嫁接到中国传统法律资源的典范。

清王朝的迅速灭亡以及随后十余年中国政局的动荡大大延缓了中国建设近代国家法制框架的进程。至南京国民政府成立,国内政局大体得以稳定。南京国民政府在详细参酌中外立法的基础上,短短数年间,建立了中国近代法的完整体系。“汉译六法”的出版对这一体系的形成功不可没。其所述者,或可激活我们对现代外国法学研究核心问题的深思凝虑。

清末及民国时期大学法律教育的基础讲义、法律辞书以及“汉译六法”奠定了中国近代在接受西方法律传统的同时构建自身法学知识谱系及其价值内涵的文本基础。本丛刊遴选出的书卷各本受制于一己之认识,偏颇难免,然我们秉承开放心态,尽可能纳入诸种重要作品,力求达至开放性及代表性之旨意。

囿于出版年代久远及书籍保管不善,这些法律史料已不便直接翻阅,藏有这些史料的图书馆也多将其作为特藏书,给借阅者加以诸种限制。如本丛刊的出版能为广大读者带来查阅、研习之便利，那将是对我们精心整理这些文献的最大回馈。

是为序。

何勤华

华东政法大学外国法与比较法研究院

2013 年 12 月 1 日

点校者序

《刑事诉讼法》系京师法律学堂笔记系列之第十五册，为清末法制改革时，日本法学家冈田朝太郎在京师法律学堂讲授之笔记，编辑者熊元襄①。本次点校采用的底本为民国三年版本。

熊元襄(1883—1924)，安徽宿松人，与丛书其他编辑者熊元翰、熊元楷系同胞三兄弟，其中熊元翰为长兄，熊元襄最幼。熊元襄少慧，系清宣统元年己酉科拔贡朝考一等生，京师法律学堂最优等第一名毕业。曾任司法部刑事司第二科主任，代理刑事司司长。熊氏有赴日经历，其时调充日本留学生监督处总务主任。此后，曾派充安徽高等审判厅厅长、安徽高等检察厅厅长等职。

熊元翰(1873—1950)，光绪二十八年举人，初任吏部主事，后考入京师大学堂法科，并以优等成绩毕业。曾任京师地方审判厅推事、民二庭庭长等职。

熊元楷(1881—?)，光绪三十三年丁未补行丙午科优贡生，京师法律学堂最优等毕业。历任江苏吴县第二初级检察厅监督检事，直隶第二高等检察分厅、上海地方检察厅检事，法官考试监试委员等职。

---

① 正文中编辑者为熊元襄，版权页中，编辑者为熊元翰。

从书编辑者之一熊仕昌，安徽凤阳人，生平不详①。

从书口译者汪有龄（1879—1847），浙江杭州人，毕业于日本法政大学。曾任清政府商部《商务官报》编辑、京师法律学堂教习、司法部次长、法律编查会副会长、大理院推事、朝阳大学校长等职。民国著名大律师。

一、古代中国诉讼法之难生

我国古代向无成熟的诉讼法和诉讼法学，虽然三代时即有“汝作司徒”“汝作士”这一似乎不经意的民刑诉讼有别的制度安排，以及“争罪曰狱”“争财曰讼”的有意识的分类。关于诉讼机关、审判程序、执行程序的制度也载诸法典，且渊源有自，其流甚古。但是，我国古代并没有单体的诉讼法典，诸法合体的思维并没有使我们认识到使之法典化的重要性。

在成文法国家，部门法的法典化是该部门法学的研究与实践走向成熟的标志之一，制度与规范的有机组合以形成系统化的内在结构，需要法学的成熟。我国历史上的诉讼制度，如关于诉讼机关、管辖、起诉、审判、执行等，并没有逻辑化、科学地进行制定和组合，只是零星地规定于刑律和其他一些审判衙门自定的规则中。古代中国，也许有层出不穷的诉讼法条款、规则、判例、注释和学说，但这些样态多系片断式、就事论事的规定或见解，不能表现出有机的整体形态。故仅从形式而言，我国古代的诉讼法也没有脱离母体长大成人，究其实，它只是刑律的一个部分，就一些具体制度而言，它或许

① 熊氏三兄弟之生平履历，源于熊元襄先生之孙熊良工提供之《熊氏家谱》，关于熊仕昌，源于熊良工之口述。熊良工先生现为安徽省宿松县实验中学教师。

还只是零散的游离态的原子。

实际上,我国源自三代的民刑分立的制度,即使不考虑是否真实存在,其后的发展也无足观者。非但没有得以进一步发展,反而还表现出合二为一的形态。何况,三代之制,在司法实践中,是否确有其实,还有文献不足征的遗憾。笔者以为,相对应"细故"的诉讼,也许只是"中故"、"重故",这些也许只是官僚体制下案情轻重的划分,而不是事物性质的分类。虽然,地方最高级官衙和中央机关对案件的复核有分工,但这只能说明机关职能的事务分配需要,而不必然反映审判机关内部机构和审理模式的分立,更别说司法理念上的区别了。民事诉讼和刑事诉讼相混沌的状态,表明我国古代诉讼法还处于粗胚的阶段,诉讼法学的研究还只是萌芽的随机或无心的初露。毋庸讳言,其他的诉讼制度,也是如此。

我国古代诉讼制度,相应规则主要集中于刑律的"诉讼"与"断狱"两篇。其中的规则,其旨在对违反这些行为规定相应的刑事制裁,目的在于对官员违反规则危及统治秩序的行为进行控制,以保障皇权的稳定。这是法家所言"明主治吏不治民"的原理在诉讼制度上的体现。在诉讼程序上,我国古代也设置一系列规则,但这些规则,其主流在于发挥上级权力制约下级权力的功能,保障人权之功效,只是其主流的反馈。因此,这些程序规则,很多只是官衙内部的操作规程,只发挥着唐代法制中律令格式中"式"的功能,也就是说,这些并不是今天意义上的诉讼法,形似而神不备。更何况,一些程序,其目的惟在于增加当事人诉讼的难度,实际上只是程序障碍,与程序正义理念风马牛不相及。也许有人会说,古代只能那样,古代皆是如此,毋庸过于自责。但是,我们是否应该思考不同社会"古代”的长度？而且，历史应该反思，应该对比，更应该评价。正因如此，我们才会知道帝制的无道而建立民主；正因如此，人才能作为主体的人而存在。存在的是真实的，但存在的不是永远合理的。遗憾的是，古代，我们缺乏这种“批判法学”的精神。我们承认愿赌服输的规则，我们却不去关注司法中的程序正义。诸如此类，导致诉讼法的难生，或者说，法学的难生。

二、熊辑刑事诉讼法

清末的法制改革，使我国古代法学走出了中世纪，西方现代法学开始在中华法系的旧壤生芽抽枝。我国古代公法一统、实体法本位等固有形态开始向公私法并重、实体法与程序法并重的模式转型，破天荒地出现了刑律、民律、诉讼律等新兴的法律部门。在诉讼立法上，引进日本移植欧陆法学的成果，开始了诉讼法学现代化的历程。《大清刑事民事诉讼律》的制定，虽因保守派的阻碍而未施行，其后的《大清刑事诉讼律》草案虽未及颁行，清廷即遭覆亡之宿命。然而，关于陪审制度、律师制度、上诉制度等具体制度的讨论，却使诉讼法学失语的旧王朝一新耳目；关于公开审判、司法独立、自由心证等基本原则的出场，也使我们这笨重的老大帝国眼前一亮。凡此种种，皆表明我们开始走向法学的新时代。

1903 年，萧仲祁编译出版了《刑事诉讼法》，1904 年和 1906 年，日本学者丰岛直通的《刑事诉讼法》陆续被译成中文出版，1905 年，邹麟书等又合作编译出版了《刑事诉讼法》①。这些发蒙之作，对清

① 何勤华：《中国法学史》(第三卷)，北京：法律出版社 2006 年版，第 507 页。

末诉讼法学的成长，其影响不可低估。其间关于刑事诉讼法专著，较为醒目即有十数种之多[1]。我国的刑事诉讼法学的研究，可以说，从此开始了从无到有的突破性进展。熊元襄所辑的《刑事诉讼法》即为其中颇值关注的一种，该书于宣统三年出版后，民国元年至三年，连续三次再版，可谓领一时之盛。

熊氏刑诉法为日本法学家冈田朝太郎的讲课笔记，其时京师法律学堂，为我国现代法学起步之重镇，聘请了数量可观的外籍法学家来此任教，他们所传授的多系法学前沿有值得称道的基本知识。受此浸染，熊氏刑诉法的特殊性可见一斑[2]。其主体内容如下：

著作开篇，熊氏介绍了刑事诉讼及刑事诉讼法的概念。所谓刑事诉讼者，以具体的确定科刑权之存否及范围为目的，而请求者、被请求者及国家裁判机关相互间所作法定行为全体之谓也，而诉讼上关于刑事之一切规则即刑事诉讼法。这较之上古时代，视对私人之犯罪，谓与国家无关的幼稚思想，无疑是为进步；较之近古视程序为手续和工具而意为无足轻重之观念，不失开拓意义。熊氏接着讨论了刑事诉讼法的八大原则问题：即弹劾主义、无处分权主义、干涉主义、真实发现主义、两造对等主义、公开主义、本人主义、阶级审理主义等。上述各主义，皆与民事诉讼中对应的原则进行了比较，真知灼见，时有所呈。有些理念，不啻平地惊雷。如其中的两造对等主义，视公诉人与犯罪嫌疑人为对等之两极，即就当前现状而言，也为难能可贵之原则。

---

① 何勤华：《中国法学史》(第三卷)，北京：法律出版社 2006 年版，第 507—508 页。

② 此处言熊氏，只为行文之便，因为此著系集体智慧的结晶，然因为熊氏所辑，即以其借代。

其次，熊氏探讨了作为诉讼主体之裁判所、原告、被告之相关概念与职能问题。视被告为主体，较之纠问制时代，有人之发现的意义。主体对应的是客体，关于公诉与私诉，其客体分别为国家的科刑权与受害人之赔偿损害及返还财物请求权。熊氏接下来介绍了诉讼行为的相关问题，这涉及不同主体的行为，如起诉、辩护、作证、鉴定、预审、上诉、抗告、上告、判决等，关于其法定程序的阐释，言简意赅，一目了然。清末和民国时期的诉讼法，移植日本，诸多制度，在其前与当前都值得我们关注，例如抗告制度，非专注于诉讼法之学者，也许少有见闻。但是，这是保障程序性权利的重要手段。在强调程序正义的诉讼法原理中，这是不应该予以轻视的。还有，诸如中间判决制度，即在我们当前也似觉陌生。熊氏在其篇的例言中，即介绍了冈田朝太郎讲授法学前沿问题对于日本与中国刑事诉讼法发展的意义，此言可谓的论。

熊氏最后提及的系为裁判之执行问题，在本著中仅存其目。盖因执行问题，与诉讼性质本有不同，故从略。在诉讼法学理论研究蔚为大观的今天，熊氏所介绍的，多为常识问题，但这些常识问题，也许并没有成为我们生活中或司法中的常识。回味其间，非仅为怀古之幽情，以史为鉴，或有真意存焉。

三、跨时空的阅读

翻捡着发黄发脆的书籍，笔者心中油然而生温情和敬意，整理百年前的著述，仿佛穿越了时空，我在和另一个空间的哲人对话。其人之所思、所著、所喜、所悲，娓娓道来，一一浮现，萦绕不去。想见那时的风貌，那时的风物人情，我觉得自己如同立身于清末法制转型的刹那，感同身受其人之苦痛与愉悦。法制现代化，如从清末算起，已历百年之久，我国目前已初步建立了较为完整的法制体系，我们也有了令人瞩目的经济实力，然而，我不知道，我们是否已全部走出了中世纪。阅读旧著，或许为其幼稚，或许为其无奈，我们可能油然而生优越感。然而，我见青山多妩媚，料青山见吾应如是，我们的努力，果真无愧于逝去的痕迹吗？

就刑事诉讼法而言，保护人权，无罪推定，平等原则，程序正义，凡此种种，皆系从身份到契约的自由之果。然而，面对当前司法改革的胶着状态，我们对历史是否应有更多的尊重和理解？就刑事诉讼法的修改而言，一再而三，我们的话语是否已然达致共识，是否接受了社会正义实现的一般原理？这些，我们都该扪心自问。

诚然，我们有我们的传统，有独特沉重的历史包袱，有令人自豪的民族精神，有积重难返的社会症结，有欲理还乱的社会现实。这些，皆可以成为我们固守不愿更张旧制的理由。我们的民众法治意识淡漠，我们甚至很愚昧幼稚。然而，这些可以使我们心安理得地举步不前吗？非也。包袱沉重，故应弃解；积重难返、欲理还乱，故须有的放矢，求其肯綮；愚昧幼稚，故须发凡启蒙，促其成立。也许有人说，这非诉讼法学可单独奏效。然而，是不为也，非不能也。法治的建立，需要一点一滴的进步，每一个公民，都有促其进步的责任，刑事诉讼法学者，更责无旁贷。沈家本曾言：刑律不善，不足以害良民；刑事诉讼律不善，良民亦罹其害。事关基本人权，刑事诉讼法学者的努力更是难能可贵。

然而，关于沉默权问题、非法证据排除问题、诉讼结构问题，审判委员会问题,独立审判问题,公检法之间的权力分配问题等等,直到现在,其间纠结依然难解难分。这些问题,可能都涉及人的理性回归,然而,我们是否一味地枯等当事人长大?什么是我们的贡献?至少,不同审级一统江湖式的案件类型管辖及其审理规程,我们是否可以有更理性的设计?那种只存在级别差异的同质性、克隆式法庭模式,怎会仅因一个"国情"了得?

阅读历史,笔者的感受,涛卷潮涌。笔者觉得,法学者的研究,在于追求真理,以寻找正义实现的方式,法学的研究,不在于时髦和热点,而在于真正的贡献。作为法律史研究者,笔者常常会接触一些弃历史如敝屣的法学人,他们所表达的"实用主义"的心态,也许代表了不少人的看法。这些,无疑会令一些法律史学人心动神摇。虽然,这些并没有使我觉得冷落,却陡然在我心里激起一阵悲凉。梳理当前刑事诉讼法学讨论的一些宏大叙事式理论问题,我总觉得有似曾相识之感,总想着在哪儿看过。有时,甚至哑然失笑:我们有些研究,可能做的只是近代法学著述的白话文翻译工作。也许这很苛刻,然而,不是吗?①学术史的梳理,不仅仅意味着认识过去,还意味着认识我们自己。在认识中,培养我的真诚、理性与谦虚的学术品格,促我们正常地生长。

出于阅读历史所应有的敬意,点校者在不影响现代语法规范的情况下,尽量保持著作的原貌。对于古代含义独特、现代汉语难以进行直接置换的词汇,如果不影响理解,而且不违反现代汉语的禁

① 当前刑事诉讼法学的研究较之近代,无论在广度和深度上,已不可同日而语,但是,原地踏步、闭目塞听式研究,也不在少数。

止性规定的，皆不作更改。其中有些日语词，如阅读上下文即可知晓其意的，不作注释。作为点校者，不失同情的了解，但苦于学养与能力的不足，其中难免的错误，祈读者谅解并告知我，以助我进步。

李凤鸣

于南京洗字阁

2012 年 5 月 8 日

凡　例

一、本丛书为“清末民国法律史料丛刊”之“京师法律学堂笔记”。由熊元楷、熊元襄、熊元翰编辑。

二、原书为竖排，现改为横排。原文中“如左”、“如右”之类用语，相应改为“如下”、“如上”等。

三、原书所用繁体字，现统改为简体字。异体字在不损原意的情况下，径改之。

四、原文无标点符号或标点符号使用不规范者，一律以现在通行之标点代之。

五、原书文字有脱讹倒衍者，点校者予以更正，并加注释说明。

六、原书对外来语之翻译文字，如国名、人名，一律保持原貌，加注释说明。

七、原书中有些字、词在现代汉语中依然保留其义项者，如“发见”、“豫审”等，一律不作改动。

八、原书无段落划分或段落划分不清者，在点校、勘校时做适当划分。

九、原书所引之事实、数字及其他相关资料确有错误者，加注释说明。

十、所有注释一律采用脚注，每页重新编号。

例言

本编为日本法学博士冈田朝太郎先生所讲授，先生讲授是编之时，一面为我法律馆草订刑事诉讼法。篇中引用中刑诉云云，即草案条文。因草案尚待修改，故多引日本现行刑诉法及改正案以证明之。日本刑诉法改正案，为世界最新刑诉法，抉择最精，折衷至当。先生取改正案之精华，为中刑诉之材料。故本编所述，可视作日本改正刑诉法之注释，亦即中国新订刑诉法之渊源。

近数年来，我国法政书籍，日增月益。然新知乍启，溥及犹难，语斯学者，词贵条达。盖知者绝不需此，将以为不知者告，不得不求其易知也。本编文例，一准此旨。宁繁毋略，宁浅毋晦。固有名词，非习见者，间附解释。求之中文，有可代此者，代之。文从所习，义戒失真。取便阅览，不计巧拙。谫陋之讥，所不敢辞。

本编与冈田先生刑法及法院编制法讲义，互相发明，可供参照。

编者识

目　次

绪　论

第一编　诉讼主体

第二编　诉讼之客体

第三编　诉讼行为

绪　论

第一章　刑事诉讼及刑事诉讼法之概念

刑事诉讼云者，以具体的确定科刑权之存否及范围为目的，而请求者被请求者及国家裁判机关相互间所作法定行为全体之谓也。分说之如下：

有学者谓诉讼法为国家断当事者之争之办法，此语近是，然究非正当之解释。盖当事者之争执，并非诉讼成立之要件。例如民事有权利确认之诉，两造并无争议，因彼此私认权利，不能生法律上之效力，故必诉之裁判所，由裁判官认定之。可知诉讼法并非断当事者之争。又如刑事起诉前，有搜查处分。诉讼未成，何所谓断？若谓诉讼法为断当事者之争，则搜查处分，不应规定于诉讼法中矣。

（一）凡诉讼，如行政诉讼、民事诉讼、刑事诉讼，必有作诉讼行为者而诉讼始生，作诉讼行为者，即诉讼主体。请求者为原告，被请求者为被告，国家裁判机关，即裁判所。是故诉讼为裁判所、原告及被告间之三面的关系。

普通思想，必谓诉讼主体，为原告被告。诉讼行为，为原被告两造之行为。其实不然。诉讼主体，赅原告被告裁判所三面而言。诉讼行为，赅原被告及裁判所所作之行为而言。合诉讼主体所为之诉讼行为，而后成为诉讼。

（二）更观察其个个行为，有为准备诉讼而为之者，有为提起诉讼而为之者；或招致当事者，或开始口头辩论；审讯原告被告证人，宣告裁判，提起上诉。此个个行为，皆谓之诉讼行为。

（三）一切诉讼行为，概向一定终局目的而进行。此终局目的，即区别行政诉讼民事诉讼及刑事诉讼之根源。行政诉讼，以请求行政的不法或不当之命令或处分之救济为目的；民事诉讼，以具体的确定私权（不分民法的与商法的）之存否及范围为目的；刑事诉讼，以具体的确定科刑权之存否及范围为目的。而一切诉讼行为，各向其目的而进行。

现今诉讼法上，不以原被两造间有争议异论，为其必要的条件。

（四）诉讼行为之向终局目的而进行，皆有一定顺序及方式，必须整然不紊。凡诉讼行为所应遵守之顺序及方式，即诉讼手续。

终局目的，即具体的决定科刑权之有无，及其刑之重轻之范围。但欲达此目的，有一定之顺序，又当遵守一定之方式。如辩论或用口头，或用书面；调查证据，或讯问证人，或搜集证据物；讯问证人，或隔别，或对质，皆为一定之方式。

（五）诉讼上应作之行为，应依之手续，行政上民事上刑事上，概以国法豫规定之。而诉讼主体及其他关系人，不得随时随意取舍增减。是故诉讼行为，为一种法律行为。诉讼手续，则法定手续也。一切诉讼关系，皆法律关系也。

（六）诉讼关系，为法律关系。故除实体法上权义之外，别生诉讼法上之权义。纵令私法上不有权利，均有请求裁判所确定其私权有无之权利。纵令刑法上不认为犯罪，均有请求裁判所确定其犯罪有无之权利。不得以其不有义务不有犯罪之主张，作为不肯为被告之理由。裁判所亦不得援用实体法，而拒绝裁判也。此可知实体法上权义，与诉讼法上权义，其性质不同。

实体法上权义之有无，与诉讼法上资格之有无无关系。就民事言，民法为实体法，凡权利能力行为能力之有无，皆以民法定之。至事实上权义之有无，则须以诉讼法解决之。原告被告，均须服从裁判，初不问其有无实体法上之权义也。就刑事言，如中国刑律草案所定，未满十六岁之犯罪不科刑。然刑法上虽不科刑，而诉讼法上，则与以为被告之资格。故未满十六岁之犯罪者，不得因未届成年，不受裁判所之裁判。盖未成年者，虽无犯罪能力，仍有诉讼能力，不得主张未成年而不为诉讼。故除民法刑法等寔体法上权义之外，别有诉讼法上权义。诉讼法上有所谓得为者，有不得为者。得为者，即诉讼法上权利；不得为者，即诉讼法上义务也。

诉讼法者，诉讼上一切规则也。其关于刑事者，曰刑事诉讼法。

第二章　诉讼法上之八大原则

其一，诉讼之方式，现今大概采用弹劾式。

诉讼方式有二种：一曰纠问式；一曰弹劾式。纠问式诉讼云者，裁判官不待有告而亲身诉追亲身裁判之谓也。弹劾式诉讼云者，以不告不理为原则，裁判官超然屹立于告者被告者（即诉讼当事者）之外，而加以裁判之谓也。

纠问式与弹劾式之利害如何，为诉讼法上一大问题。就纠问式言，裁判官自行诉追，自行判断，稍参私见，即失公平。此式易滋流弊，故近世各国，皆采用弹劾式，必经告诉，然后从原告被告间，判断曲直。此式最合法理。但弹劾式非有告诉，即不受理，究应由何人起诉，则因时因国而不同。

上古时代，法律思想幼稚，凡对于私人之犯罪，皆视为与国家无关如杀人及损害财产，均以为个人受害。近世学者，则谓国家为个人之集合，个人犹国家也。个人受害，即国家受害。如窃盗侵害他人财物，以为私害，则以赃物还主足矣，必处以刑罚者，恶其害国家之秩序也。国家以法律维持秩序，所以保护一般人之权利。盗人财物，即侵害秩序，故以财物言，为私害，以秩序言，则为公害。无纯然害一私人之犯罪，此古今学说解释犯罪性质之不同也。

古时既以对于私人之犯罪为私害，故以起诉之权委之私人。凡有直接被害人之犯罪如命盗等案。本人及其亲族皆有起诉权。是为被害人弹劾式。若为对于公共之犯罪，无直接被害人如害宗教之罪，则无论何人（女子、奴隶、未成年者，不在此例）皆有起诉权。是为公众弹劾式，公众亦私人也。既以起诉权委之私人，故其结果有三种弊害：（一）因畏惧而不起诉。犯罪人为强有力者，被害者力不足以相抗，则畏惧而不敢起诉。（二）私和。犯罪人为有资力者，则贿受害者以寝其事，被害者乃因受财而不起诉。（三）因畏难而不起诉。被害者虑诉讼之烦难，忍辱含耻，以省事为福，而不起诉。有犯罪而无起诉，则世多冤民矣。迨其后国家改变方针，使官吏监督补救之。有犯罪者，由官吏提起公诉，亦许私人起诉，是为官吏弹劾式与私人弹劾式并用时代。近今则惟采用官吏弹劾式，不用私人弹劾式。惟英国德国，尚有采用私人弹劾式之例外（现中国试办检察，即采用官吏弹劾式之基础）。

民事诉讼，古来各国，概采用弹劾式，未有不待告而理之纯粹的民事诉讼。

刑事诉讼，有时采用纠问式，有时采用弹劾式。而弹劾式刑事诉讼，又有三种：一则专由一人起诉；一则专由官吏起诉；一则一私人或官吏皆可起诉，熟按其利害得失，刑事诉讼，以采用弹劾式及官吏起诉主义为得当。

其二，民事诉讼，当事者有处分权；刑事诉讼，当事者无处分权（处分权主义，非处分权主义）。

民事诉讼，以依私法的请求权请求私权之保护为其目的。而私权在原则上，得随意处分，是故诉讼上，亦听其随意处分，不足怪也。盖民事诉讼，当事者于诉讼中，不论何时，得抛弃其主张之全部或一部。

民事诉讼，乃当事者请求保护私权。私权者，一私人之权利也。若当事者不愿受裁判所之保护，而不请求，或虽请求，而不愿继续，皆无不可。例如甲借乙千元，届期不偿，乙可主张债权，请求保护。若乙愿抛弃债权，竟不起诉，或起诉而不继续抛弃千元，为全部之抛弃；抛弃千元之利息，为一部之抛弃，均听乙之自便。故民事诉讼，当事者有处分权。

反此，刑事诉讼，以依刑法的请求权，请求国家刑罚权之具体的适用为其目的。是故刑事诉讼，虽原告亦不得处分其诉讼，而被告更不待言矣。故现今刑事法之原则上，不准检事不起诉，不准犯人被害者私和，于诉讼中撤回公诉。

原告非被害者之谓，乃指检事而言。然检事又非专为刑事诉讼之原告，检事有种种职务。特以为刑事诉讼之原告，为其职务之最重要者耳。检事既为原告，而不得处分其诉讼，何也？盖检事不过代国家实行公诉，而公诉权仍属之国家，不属之检事。故检事不得为公诉权之主体，虽有实施公诉之职务，而不有处分之权。至检事有无提起公诉或不起诉之自由，则学说不一。有主张便宜主义者曰：检事提起公诉，所以维持公益。若起诉而有害公益，则不起诉便。有主张励行主义者曰：检事遇有应诉事件，即当起诉，并无起诉不起诉之自由权。就法理言之，励行说是，便宜说非也。假使采用便宜主义，则检事不起诉，犯人被害者，可以私和，不必有国家刑罚权之适用。国家刑法，非为一私人而设。既有干犯刑法之事由，岂得以科刑不科刑之权，委之私人之意见？使私和而尽善也，则刑法为无用，裁判所为赘设。充其说，可以解散国家，世界宁有此事？况私和之流弊，万出不穷。使富者贵者及其他强有力者为犯人，不然者为被害者，名虽为和，适以加重被害者之害而已。使富者贵者及其他强有力者为被害者，不然者为犯人，则必因毫发之损伤于人，而丧其身家，其害可胜言乎？故现今大多数国刑事法上，以不准检事不起诉及犯人被害者私和为原则。

其三，民事诉讼，采用非干涉主义；刑事诉讼，采用干涉主义。

非干涉主义，一名他动主义；干涉主义，一名自动主义。

民事诉讼，当事者有其处分权。是故裁判官不干涉当事者于其辩论所主张之外，是为非干涉主义（或辩论主义，又放任主义）之诉讼。

例如甲对于乙，有千元之债权。甲起诉时，止言千元，不及千元之利息。本利本应同时偿还，而甲既未声明，则裁判官不能判令乙于偿还千元之外，更偿若干利息，是为不干涉当事者于其辩论所主张之外。

刑事诉讼，当事者无处分权，裁判官有断定有罪无罪之职责。是故裁判官于有罪无罪断定上必要的事宜，得加以干涉，一切不为当事者之主张辩论所拘束。故曰刑事诉讼，为干涉主义。

例如检事诉称某甲为窃盗，并提出证据，而裁判官于检事所提出窃盗证据之外，更讯知甲行窃时，有暴力情事，即治甲以强盗之罪，是为不为当事者之主张辩论所拘束。盖民事诉讼，止令原被告各提出有利之证据，以判断其是非，不能于原被告所提出之证据外，另求证据。刑事诉讼则不然，不以检事所提出之证据为限，裁判官更须搜查种种证据，以考察其罪之有无重轻。不但可用消极的方法，批驳检事所调查之事实，且可用积极的方法，提出自己所主张之意见。观此，可知两种主义之大别。

其四，现今之诉讼，不分民事刑事，均采用真实发见主义（但民事诉讼，于当事者主张之范围内，力求其真实发见）。真实发见主义，直接发生下列重要原则。

真实发见主义，对于形式主义而言。形式主义者，裁判官以诉讼法上一定之形式为裁判之根据之谓。真实发见主义则不然，裁判官以事实之真相为根据，不问其形式如何。例如诉讼上犯人必须自白，是为口供，裁判官据口供判断之。口供主义，即形式主义也。口供有真伪，真者不过什一①。若采用形式主义，以口供为必要，并不究口供之真伪，据伪供以定裁判，则裁判之失当可知。现今各国，无论民刑诉讼，均采用真实发见主义，以期裁判之公平。惟发见真实之范围，民事与刑事不同民事上止发见当事者所主张是否属实，其范围狭；刑事上须发见犯罪之一切证据，其范围广。例如民事诉讼，甲为原告，乙为被告，甲主张乙曾借金若干，请求返还，提出两种证据：（一）有乙亲笔字据；（二）有证人某丙。而乙主张无借贷，谓甲之证据皆虚妄。裁判官于此，止须调查字据是否是乙亲笔，某丙曾否

---

① 什一：十分之一。

当场。实则令乙偿还，虚则甲为诬告，各就其所辩论者，搜求其真相，此案不难立决。至甲之金何自来，乙之为人，是否浪费者，裁判官均无庸过问。盖民事诉讼，裁判官止能就当事者所主张之范围内，发见真实，不能于当事者所陈证据外，更搜求其他证据也。刑事诉讼，裁判官得于检事所提证据及犯人自白之外，更调查种种证据。故刑事上之调查，乃终结诉讼之必要，非仅为断定罪之有无重轻。乃至裁判所所管辖之范围内，有无欠缺及超越，裁判官并须一一调查之，以自实其责任。此可见刑事上发见真实之范围，最为广大。

第一，自由心证主义。

自由心证主义云者，证据之取舍，委之裁判官之认定，而不用法定证据拟制事实及推定事实之主义也。此原则在民事上，有例外，(例如日民诉一一一、二四八条)刑事上无例外。各国刑诉法，皆采用自由心证主义，而自白复不有昔日之价值。

证据之取舍，裁判官从何认定之？以良心认定之，故谓之自由心证。此主义为近世所发明。法定证据者，证据之有无，及其强弱多寡之效力，皆以法律豫定之之谓。例如两造互诉，有证人者胜，无证人者负。均有证人，则证人多者胜，少者负。多少平均，则强者胜，弱者负。证人之强弱，以法定年龄定之。成年者能力强，谓之完全证人；未成年者弱，为不完全。一完全者，当二不完全者。此有不完全之证人六，彼有完全之证人三，则彼胜矣。古时各国，多采用此主义。藉众证以判是非，用意良善。然当事者以自体之强弱，变化证人之强弱，贿嘱。事实上往往有之。证人之强弱有变化，则裁判之根据失矣。此外，若探汤主义中国日本印度及欧洲古时多采用此法，口供主义，皆为法定证据主义，其弊尤多。探汤者，令两造手探沸汤,重伤者为曲,讼必败。以无关理论之试验,为裁判之根据,愚蛮已甚。口供主义,以当事者自白为根据。中国唐律有云:“赃状露验,理不可疑,虽不承引,即据状断之。”按见断狱律第八条。可见唐时尚不以口供主义为然,迨其后专重口供,讼之曲直,一凭当事者之口舌,流弊滋多。薛氏读律存疑[①]云:“断罪以众证为凭”,言口供不足据也。学者既知其非,则宜急图改革矣。拟制事实,与推定事实略同。法律上有一定要件,诉讼形式之合乎要件者,裁判官得据法律推定其曲直。例如民事诉讼,豫定原被告于何日到案审判,届期而被告不至,则裁判官推定被告为无理。即据原告所主张者判断之。此无所谓证据,乃当事者所做成之一种事实,而裁判上认为与证据有同等之效力。近世刑事法上,不设定此种事实,专采用自由心证主义。而口供之有无,并不注重。既不重口供,故刑讯(拷问)可以不用。

不用刑讯之理由有四:(一)凡由刑讯而得之口供,真伪参半,不足为凭。口供既不足凭,则刑讯之法,徒令犯人受无益之痛苦而已。此种议论,并非欧美日本新派学者所主张。中国古时,亦有不以刑讯为然者。(二)就法理上言之,今各国均废止肉刑。虽真实罪人,亦不施以拷打,况嫌疑人之罪名,尚在未定,而遽以严刑加之?其罪之重大而非虚者,固为刑称其罪。然逼供之刑,一事也;科罪之刑,又一事也。一罪而再刑,罪之重者,犹为太过。况刑讯之后,口供已定,有罪甚轻微者,罪轻者刑亦轻。而罪名未定之先,已施以同等之

---

① 原文为读律存疑,疑误,应为《读例存疑》。

常刑，超过本罪之程度，不平孰[①]甚焉。（三）从前欧美日本，及现在中国一部分之用刑讯，均有定章。老幼男女，用刑各别。必其人犯罪是实，而真情未露，乃用刑讯，固未有明知其无罪而用刑讯者。然既知其有罪，而复以刑求之，匪徒无益，徒滋扰耳。（四）中国新刑律主张停止刑讯，论者多不以为然。其言曰：外国警察及检事，制度完备，各尽其职，能搜查种种证据，故无庸拷问。中国警察检事，均甚幼稚，故刑讯不可废。此说甚谬。今中国警察检事，虽非完善，然不为无用。若废止刑讯，专用证人鉴定人，而辅之以警察检事之调查，即裁判上未尝不可收简捷公平之结果。计不出此，谓刑讯不可废，新律不能行，是不为也，非不能也。尤有进者，中国改良法律，其主要目的，无非欲各国收回领事裁判权。若不废刑讯，虽他种制度，改革尽善，外人亦必不承认，此中国所宜熟计之者也。此次修订刑事诉讼法，当以废止刑讯，为开章第一义。不然，则诉讼法可以无有。

日本明治初年，学者始从事法律之学，政府亦拟采用新法，是时司法省中，附设一法律学校，聘法人 Boissonade 为教习，兼修法律。一日法教习登坛讲演，忽闻惨呼声，问知为司法大臣拷问罪人，大骇之。立辍讲走谒日本各大臣，请废止刑讯，至以去留相要。政府重违其意，又恐其辞去，则教授无人，且法典不能成立，遂许之。日本之废刑讯自此始，实法教习之力也。当初废刑讯时，天皇有谕云：“刑讯为野蛮之法，今放之于外国。”外国废刑讯，在日本之先，而日本不知，乃以野蛮之号，遗赠外人，亦可笑也。又是时东京大学校，聘一美国人为教习，大学与警署比邻。一日美人行过警署前，闻内

---

① 原文为“执”，疑误。

有声甚厉，疑是刑讯，意谓日本已废刑讯而复用，政令无常，义当干涉，比人内观之，乃击剑，非拷问也。此可见东西各国，无不以废刑讯为然者。

第二，直接审理主义及口头辩论主义。

直接审理云者，裁判官直接审问调查断案上必要之人及物之谓也，其反对为间接审理。凡基于他人所记或所语，裁判官不直接审理调查诉讼材料，即为间接审理。又审理上须经关系者之口头辩论者，名口头辩论主义。其专依书面讨议者，名书面审理主义。间接审理及书面审理之与真实发见主义不相容，明于睹火矣。

裁判官身亲审问被告人证人，并调查证据物，不以他人之闻见为凭，是为直接审理主义。假如审判一案，经久未结，而旧裁判官去任，新裁判官不得以旧裁判官所调查为凭，须从新审理调查，以为判决之根据，谓之更新审理。总之，审理案件，以裁判官亲见亲闻为原则。惟遇不得已之时，则用例外。如上海犯人，至北京事发，北京裁判官，势不能亲赴上海调查，当使上海裁判官代为调查。上海裁判官所调查之事实，亦得为证据之一种。是为例外办法，然必有法律明文规定。不然，虽极繁难之事，裁判官亦不能使人代为之。口头辩论主义者，裁判官审问调查时，以被告人证人及有关系人之口说为凭，不以文字为凭之主义也。人之情伪，根之于心，而宣之于口，听其言观其色，其心之所有，十得八九矣。使饰之以文，则其情遁，而知之甚难。现在各国，裁判上皆以口说为必要，中国古时亦然。特今日尚文，未免有失古意。口头辩论主义，亦有例外。凡上告审皆用文字，为法律所规定。盖上告专为解释法律，凭文即能判断，无须口说也。

其五，诉讼当事者（即原被两造）为对等。

诉讼法上原被两造对等云者，关于攻击及防御，与以同一便利之谓也。民事诉讼之应采用此原则，固不待言。近世之法律，刑事诉讼上，亦采用此主义。故刑事被告人，听附辩护人，禁止法庭内束缚其身体，听搜集有利证据之请求，与以最终辩论之权。此种法则，皆由此主义而生。

对等云者，裁判官予原告被告以同等之看待，即不豫断原被两造之正不正而予以同一之便利之谓。假使不予原被告以同等之看待，则胸有成见，武断臆决，侵假①以原告为是，则被告事事皆非；侵假以原告为非，则被告之行为，无所不见其是。是犹戴青眼镜者，天地皆青，戴红皆红。目所以辨色，非能造色。裁判官所以辨是非，不能造是非。造之，是诬之也。民事诉讼。当事者地位相当，乃天然的对等。刑事诉讼，检事为原告，检事，官吏也，常立于优胜之地位，裁判官难保无左袒原告之意见。近世法律上，力矫此弊，采用两造平等之原则，且专为被告设种种规定，为民事诉讼法所无。（一）听附辩护人。辩护人以防御对于被告之不法或不当之攻击为宗旨。盖检事居于官吏之地位，其势力较强，且为检事者，必深通法律，非被告所能对抗，故使辩护人代为防御辩护人与辩护士名义不同，辩护士即律师，以辩护为常业，辩护人不以辩护为常业。犹之医师业医，医病人非业医，但偶一为之耳。（二）禁止法廷内束缚其身体。束缚身体，即中国之所谓缧绁桎梏是也。身体受束缚，则痛苦畏惧，不能尽其词矣。（三）听搜集有利证据之请求。搜集云者，先决定而

---

① 同“浸假”，意为“假如”。

后搜集。非一有请求，即予搜集也。例如案件未终结之时，被告请传集证人甲乙丙到案，以明己之无罪。裁判官当先决定甲乙丙三证人，是否为本案裁判上之必要，应否传集，是为证据决定，决定而后搜集之。若裁判官不为决定，应搜集者，不为搜集，冒昧判断，案虽终结，而被告可以上诉，原判作为无效。(四)与以最终辩论之权。凡问案有一定之顺序，先研讯种种证据，最后据当事者辩论之结果，断定罪之有无重轻。故最终辩论，最有势力，犹文之有结论也。使以最终辩论之权，付与为原告之检事，检事凭藉官吏之地位，而补助之以法律上之知识，其言健而能中，简而有要，将必牢印于裁判官之脑中，而被告之罪，无所逃于原告之口矣。其不公实甚。现在刑诉法上，专以最终辩论权，付诸被告。倘司记录之书记，漏失被告最终之辩论，则其记录为无效。凡此皆所以使被告得与有势力之原告立于对等之地位也。

其六，公开主义。

诉讼公开，宪法命之(例如日宪五九条)。公开主义诉讼云者，使于诉讼上无关系之人得旁听一切辩论之主义也。盖密行主义，与以行私曲之机会，生有私曲之嫌疑。公开主义，则无此弊。众人环视中，正正堂堂，审理判决，此立宪国之裁判，所以能公平也，但亦有一二例外。

凡有成文宪法之国，皆采用公开主义宪法上必有明文规定。但有数个例外：(一)政治上之不便如审问漏泄外交密秘之罪是。(二)风俗上之不便如审问奸非罪是；皆不公开。盖诉讼之事由，有妨害国家秩序风俗者，犯人既难于宣言，公开则其情遁，徒淆乱众人之耳目。且恐提起缺乏道德者之野心，则不轨之行为，将日出而不已。此禁止公开之理由也。

其七，诉讼以当事者本人为之为原则。

民事诉讼，有本人主义，有辩护士（律师）主义，有代书人主义。日本现制，采用本人主义，但亦听依辩护士（任意本人主义）。

刑事诉讼，日本现制上，除以本刑该罚金以下罪为限，听依代人外，概采用强制本人主义。

其八，上诉及三审制度。

上诉云者，赴上级裁判所求裁判之取消及变更之谓也。裁判有判决、有决定、有命令；上诉有控诉、有上告、有抗告（另有非常上诉）。

裁判有判决、决定、命令三种。对于判决，可以两次上诉控诉、上告。对于决定、命令，止许一次上诉抗告。此近今各国诉讼法上之通则也。

控诉，对于第一审判决之上诉也。上告，对于控诉判决之上诉也。抗告，对于决定、命令之上诉也。

立宪国之裁判，宜能公平，而不能无上诉，何也？盖裁判为人之裁判裁判官亦人也，并非神明，无论如何慎重，终不免有错误。且为裁判官者，难免无运用私心之时。错误行私，则当事者受其损害，使无上诉之方法，则不足以昭大公。此古今各国所由付与诉讼当事者以上诉之权也。既许上诉矣，将一诉再诉，以至于无量数诉，诉之不已，其可乎？此一大问题也。据裁判真实主义之极端而言，上诉之级数,以能达真实之目的为止境,无限制之可言。然有两种流弊:(一)屡次上诉,苦累滋多。假使屡诉而判决屡误,将奈何?无可再诉之处,则上诉之道穷。即受诉之裁判所,有无穷级,亦恐诉讼者力不能支,此事实上必然之结果也。(二)裁判所非为一人一事而设,上诉不已,则上下级裁判官,为一事所困。虽有他事,日不暇给矣。有此二弊,故上诉不可无限制。各国刑诉法上,大概止许两次上诉。一次上诉,即控诉;二次上诉,即上告。此外另有再审及非常上告,说详后。

凡一切诉案,含有事实点及法律点。控诉,听攻击第一审判决之事实点及法律点;上告,唯听攻击控诉判决之法律点,不得攻击其事实点。例如甲过失伤乙,而裁判所科以故伤之刑时,控诉上,得主张不曾伤乙,从而无罪。上告上,唯得主张拟律之错误,不得主张不曾伤乙。

上告者,专为统一法律之解释而设之上诉也。今之法治国,以法律为政治之根本,法律上文字,皆概括的,非列举的;皆抽象的,非具体的。既为概括的法文,则法律之解释,因人而异。甲裁判官曰如此,乙曰如彼,必不免有歧误。国家因恐裁判官误解法律,以致裁判失真,故特设上告之法,使上级裁判官,统一其见解。至事实如何,第一第二审已调查详尽。上告为第三审,毋庸调查事实,止审查法律之解释,有无错误。此上告审一定之办法也。例如盗用电力之诉讼,第一审裁判所,先调查被告有无引电之事实,次调查被告与该公司有无使用电力之合同。无合同而私自引电,即是盗用,裁判官以窃盗罪科之。而被告不服,或主张无盗电之事实;或认有盗电之事实，而不服窃盗之罪名；或不认有盗电之事实，又不服窃盗之罪名。有一于此，皆可控诉一、不服第一审裁判所认定事实之控诉。二、不服适用法律之控诉。三、全部之控诉。所谓控诉听攻击第一审判决之事实点及法律点是也。若控诉裁判所，以第一审判决为是，而被[1]告仍不服，则可以上告。惟盗用电力之事实，于控诉审既经确定，上告不得主张自己无盗电之事实，惟可以主张盗电无罪。以律无正条之故。或主张盗电为诈欺取财，非窃盗罪。此法律上之解释，与事实无关。盖上告止许攻击控诉判决之法律点，不许攻击其事实点也。现在各国，皆采用三审制度。中国讼案，有经九审而后断结者。名为慎重刑狱，而旷日持久，积案不清，究非善制。

诉讼法上所谓决定、命令，乃手续上之裁判。抗告者，对于决定命令之上诉也。

裁判有判决、决定、命令之分。中国诉讼法上，普通称曰审判，或以审判为判决。不知判决为审判之一种，与决定、命令，鼎立为三。非审判之内容，仅有判决之作用也。判决与决定命令，轻重不同。判决为决定本案之运命之裁判判决之形式，以用之于断定本案之运命时为原则，以用之于无关本案之运命时为例外。在刑事上，则决定罪之有无。在民事上，则决定权义之有无。权义及罪之有无，乃民刑事运命之所在也。其他无关运命之断定，如手续上所下之裁判，乃解释办法之裁判，谓之决定、命令，故决定、命令之效力，大概在诉讼半途中发生，专为解释办法，与判决之形式不同。凡判决必须经原被两造之口头辩论，决定、命令，不必经当事者口头辩

① 原文为“彼”，疑误。

论。对于判决,许上诉两次;对于决定命令,或许上诉,或不许上诉。许上诉时,谓之抗告。抗告以一次为原则,两次为例外。两次抗告事实上不数见,虽有例外,亦不适用。所谓三审制度,专指对于判决而言,若抗告止有二审,无所谓三审也。

上诉皆直近上级裁判所管辖之,不得不经控诉而为上告也。对第一审判决而为控诉,对控诉判决而为上告,谓之三审制度。现今各国,均采用此制,其实控诉审可以无有。

现今欧美日本各国裁判所所为裁判,皆为实决,与清国法衙,止有具案拟律权者,全然不同。清国此制,有百害,无一利。

中国法衙,仅有具案拟律权,是非可否,唯上级官之命令是听。此等制度,有害无利,何则?问案官拟而不断,上级官断而不详。拟者曰,吾未之断定,断者曰,吾未之审问。是无一负责任者,其判决之失当可知。现京内外设有审判厅之处,断案尚无大纰谬。至外州县审判制度未改良,其审判不正,可断言也。盖下级裁判官无专断之权,遇案惟拟稿呈上。虽关系人命生死,上级官并不详究案情,而任意指驳,或轻心听从,有无错误,付之不可知之数。此裁判上之大忌,而中国有之,其害可胜言乎?

第三章　完备诉讼法之必要

凡民事及刑事上，须有完备之民法刑法等实体法，尤须有完备之诉讼法。诉讼法不完备，则实体法为徒法空文。民事上权利者虽有权利，而无从实施，刑事上有罪免法网无辜苦缧绁之弊，多出于诉讼法之不备，可不慎哉！

就刑事论，刑法为实体法，刑诉法为手续法。刑法之实施，依刑诉法而行。刑诉法不完备，则施行刑法，必不能有正当之结果。例如拘禁犯罪人，为刑法所规定。若刑诉法上解释不明，凡嫌疑人，皆拘禁之。误认无罪为有罪，侵害良民身体之自由，且使其财产上受不测之损害。而被拘禁者，又不能提出有利之证据，将长沦于冤海矣。故刑法不完备，尚不至害及良民，刑诉法不完备，则良民亦受其害。中国有实体法，无手续法。不惟诉讼法不完备，且并诉讼法而无之。而沿袭秕制，动辄拷打，往往有嫌疑人被刑讯后，并无毫发之罪，而五木之毒，已身受之，是使民不聊生也。补救之策，惟有及早修定诉讼法而已。

中国现订刑诉法草案，共有五百余条。论者咸谓条文太多，复杂难行，其实不然。刑诉法之规定，贵在详尽，务使用法之人，事事皆有根据。若意图简便，则法穷而弊生矣。

第四章　日本刑事诉讼法略历

日本刑事法历史上，成文刑事诉讼法，以大宝律令为滥觞于律则名例律六议者之奏请，断狱律拷问之制限；于令则狱令等是也，皆出于唐律。封建时代，源氏有《法曹至要抄》，《裁判至要抄》，《金玉掌中抄》等。北条氏有《贞永式目》，德川氏有《掟书百个条》，实体法及诉讼法，均具载一法典中。

明治维新后，三年，颁狱廷规则。五年，设司法省临时裁判所，司法省裁判所，出张裁判所、府县裁判所、区裁判所。又置检事。六年，发断狱则令。七年，定司法警察假规则。八年，设大审院。十三年，发布治罪法。十五年一月一日，实施之。二十三年，以法律第九六号刑事诉讼法换治罪法。三十二年，更加改正，是即现行法也。

第五章　刑事诉讼法之效力

第一节　关于时之效力

（一）刑事诉讼法，得对于其实施以前既成立而未经裁判之犯罪适用之日本现行刑诉法第二十二条。诉讼法有溯及既往之效力。溯及既往云者，非谓实施以前已经断结之案，适用新法。乃谓未经判决及判决而未终结之案，适用新法也。例如中国用刑讯，若今日实施新刑诉法，停止刑讯。则前日发生之案件，未经用旧法断结者，当改从新法，不用刑讯。又如独任推事审问一案，尚未完结，而新法颁行，规定此等案件，由合议庭审判，则添置两推事审判之是也。若新法实施以前，案已终结，再以新法追改其从前所实施之种种手续，此例为各国所无。盖判决确定，则诉讼终了，已超离于诉讼法范围之外。虽有新法，无所用之。

（二）诉讼事件，跨于诉讼法实施之前后时，实施以前所为诉讼手续，不背当时之法律者，仍有效力。是盖出于尊简便之宗旨日现行法第二二条。

第二节　关于人之效力

刑诉法不能适用于国内法及国际法上有治外法权者，亦不得适用于陆海军法律可处分者。

治外法权，详国际法。陆海军有军律陆军刑律，海军刑律，统称为军律，另有办理军人诉讼之法。军律以专用之军人为原则，但有例外。例如军律所定，出入不时者处何刑，不服从长官命令者处何刑，此专为军人而设者也。于敌前军中临战地临战地，非战地，乃预备战事之地。日俄满洲之役，日本以广岛长崎为临战地，广岛长崎，非战地也，或合围地，破坏军需品者，处何刑。此不专为军人而设，普通人有犯者，亦以军律处分之。此军律适用于普通人之例外也。

于条约上与领事裁判权于外国之国，不得对于其外国臣民，适用自国之刑诉法。

第三节　关于处之效力

刑诉法除以法律别设特例地之外例如（中国）台湾，普通用之于国内诉讼行为。

诉讼法以适用于国内为原则，以不适用于特定之地为例外。日本刑诉法，不适用于台湾，即例外也。中国幅员较广，边远省分，风气犷僿，将使全国通行新法，事实上恐有未能。必先试行之江海开通各省，半开之地次之，未开之地又次之。通筹全局，豫定年限，用渐进之手段，收溥及之效果。其有必不能行之处，如内外蒙古及西藏，则别设特例，离之于适用新法范围之外。苟非特例所放任者，猝不能行，则缓行之，终必有行之一日，必不容不行也。今世凡有成文宪法之国，施行新法，无不有特例。新法之不适用，以特例地为限。断未有无特例，而以法律之行不行，委之各地方风气之趋向，致一国之内，新旧分区之理。

（一）诉讼行为，若在国内，则虽犯罪之全部或一部在外国，亦适用内国刑诉法。

中国刑律草案，即采用此主义。假使因犯罪之一部或全部在外国，适用外国法，则受诉裁判所，须为种种调查，不便实多。

（二）依列国共助之法则，为一定诉讼行为时，关于其诉讼行为，亦适用内国法。

共助者，本甲裁判所受理之案件，而乙裁判所代为调查之谓。有国内共助、国际共助两种。国际共助，定之条约。如甲国与乙国，有共助条约，甲国人在乙国犯罪，为甲国裁判所所逮捕，审问调查，皆甲国裁判所之事。惟犯罪证据在乙国，甲国裁判所，可依据共助条约，嘱托乙国裁判所，代为调查。乙国裁判所，虽系为甲国调查刑事证据，仍适用乙国刑诉法。

第一编　诉讼主体

诉讼主体，乃作诉讼行为者，即裁判所及原被告。原被告即诉讼当事者。

第一章 裁 判 所

裁判所有通常裁判所、特别裁判所之分，本章就通常裁判所言。

民事刑事之裁判，原则上由通常裁判所管辖之，但便宜上间有例外。

便宜上例外，如海陆军军人之民刑诉讼，属军人裁判所管辖是。

第一节 裁判所之组织

其一 外部之组织

日本现行制，分裁判所为四：区裁判所、地方裁判所、控诉院、大审院是也。

中国现行制，与日本同。如下表：

日本	一、区裁判所	二、地方裁判决①	三、控诉院	四、大审院
中国	一、初级审判厅	二、地方审判厅	三、高等审判厅	四、大理院

其二 内部之组织

各裁判所之组织，应为单独制乎？应为合议制乎？是

① 原文为"决"，疑为"所"字之误。

一重大利害问题也。日本现行制如下：

（一）区裁判所，为单独制，单独判事行裁判权。单独制云者，判事一人审判各案件之谓，非谓其裁判所唯置判事一人。

（二）地方裁判所、控诉院及大审院，为合议制。各置民事部及刑事部一或二以上，各部独立行裁判权。部，中国谓之庭。

部之组织，就地方裁判所言，则判事三人，控诉院判事五人，大审院判事七人。每上级裁判所，递加部员之数，本出于慎重审判之宗旨。然就实验上观之，部员之数过多，殊觉有害无益。

日本控诉院，每部判事五人，大审院七人。中国高等审判厅每庭推事三人，大理院五人。日本部员较多，就表面观之，似较中国更为慎重，其实不然。判事过三员，即近于冗，况自五员以至七员乎？中国高等三员，大理五员，尚不失为中数。日本控诉大审两级，各较中国多二员，必汰去两员，实验上方为有益。惟日本官制，定之明治初年，沿袭既久，当道惮于改革，故未能见诸实行。

第二节　裁判所之职员[①]

其一　种类

各裁判所，置四种职员：判事（日本裁判所构成法五七

---

① 原文为“有”，疑误。

至七八条)、书记(同八五至九三条)、执达吏(同九四至一〇〇条)及廷丁(同一〇一及一〇二条)是也。

中国称判事为推事,书记为录事,执达吏为承发吏,廷丁为庭丁。执达吏之职务有二:一、执行;执行裁判。二、送达。送达书类物品。故日本谓之执达吏,中国改为承发吏。承发者,送达之义,于执行无关,不称其实,殊非适当之名称。中国惯习,凡遇有新事物发现,本国无此事,无此名,往往取似是而非之固有名词,为之代表。有泥古之癖者,且忌避现行之文字,必搜求古文上近似之成语以名之,遂于愚者之好,而不适于新事物之应用,适以表其不通。若轮船火车电线等类,查遍中文书籍,终无可傅会之成语,则亦无如之何如改节从新矣。必不得已则从新,稍可迁就则从古,新旧杂糅,体例不一,何如称其实而为之名,不耻取法外人之为得也。廷丁之职务,琐屑猥贱,然亦有关系重要之时。凡审判开始,以传唤当事者到案为前提。当事者之传唤,由庭丁行之。庭丁传唤之事未完备,则裁判所停讯以待,或下缺席裁判。是审判之发动与静止,其管钥寄付之庭丁,关系不可谓不重也。以上四种职员,皆依构成法及诉讼法所定,执行职务。其权限详构成法中。

其二 职员之除斥忌避及回避日刑事诉讼法四〇至四四条,清律刑律听讼回避。

此与大清①律例刑律中听讼回避之办法同。清律止有回避,不言除斥忌避。但清律所谓回避,范围最广,兼除斥、忌避、回避三项而言。日本回避字义较狭,对于除斥忌避为三事,不能举一以赅

① 原文为"情",疑误。

其余。

(一) 判事之除斥忌避及回避

(甲) 判事于其职务,应被除斥之原因有四,即日本刑诉法第四十条所规定之情形是也。除斥即禁止之意,法律上禁止其执行职务,则除斥之,非因何人之请求而除斥之也。

(1) 判事为被害者时。

如有人伤害判事,或盗其财物,则判事为被害者。被害者将甘心于害之者?此人情也。使仍由被害之判事,审判此案,则裁判必不能公平。

(2) 判事或其配偶者与被告人被害者或此等之配偶者为亲属时,但姻族婚姻解散后亦然。

亲属之名义,日本与中国异。中国以服制定亲疏,亲属之范围最广,稍有瓜葛,即曰亲属。日本源本罗马法,以直系旁系定亲疏。所谓亲属,以六等以上之亲为限,六等亲计算法,如下图:

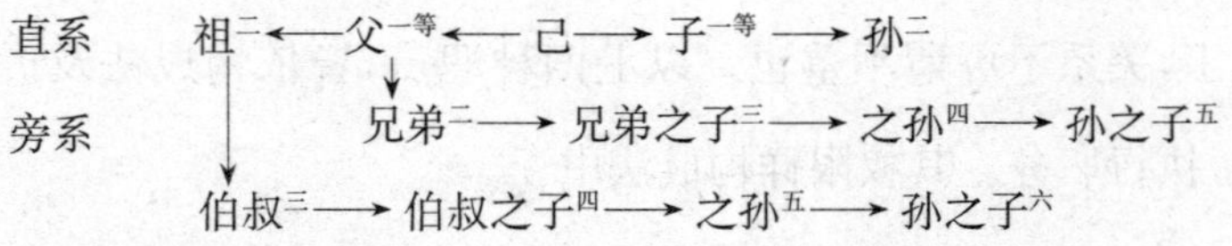

以本身为中心点,由本身而直上,父为一等亲,祖为二等亲。由本身而直下,子为一等亲,孙为二等亲。此皆为直系之亲。父为一等亲,由父而旁下,则兄弟为二等亲,兄弟之子为三等亲,兄弟之孙及其孙之子,为四等五等亲。祖为二等亲,由祖而旁下,则伯叔为三等亲,伯叔之子为四等亲,伯叔之孙及其孙之子,为五等六等亲。此皆为旁系之亲。六等亲为家族法上最为密切关系之人,假使判事或其配偶者,与被告人被害者或被告人被害者之配偶者为亲属,则判事有必不得已之亲爱心,将骫法徇私,以求达其实施亲爱之目的。判决失真,可以预料。若姻族婚姻既解除,其解除原因之出于死亡者,则旧欢乍歇,夙爱犹存,必加惠于生存者而后安。其解除原因之出于离婚者,则怨恨方新,有感斯应,将下石而甘心焉。假借法律,以快恩仇,皆法律之所不许也。

(3) 判事为其事件之证人鉴定人时,及为被告人或被害者之法律上代理人时。

证人鉴定人,皆于本案情事有所闻见之人。是否采用其言,为判事之自由。使判事自为证人鉴定人,则先入为主,怠于调查,以己所证者所鉴定者为必无错误,敢于自信,固执不移,是为豫断,豫断之危险甚大。盖凡审判案件,最重调查,最忌豫断。不调查而豫断,裁判必致失真。例如甲非窃盗,而为证人鉴定人之判事,见其有近似窃盗之行为,豫断为窃盗,并不严密调查。则甲之一切行为,概认为窃盗之行为,一经臆测,遂成铁判。是甲之罪,非甲自犯,而造成之于判事之意见。不公不平,孰甚于此?代理人指平时代理而言,非诉讼时之代理。既为代理,则以利于本人为目的,使判事为被告之代理,必曲庇之。为被害者之代理,则陷害被告人,亦不能有公平之判断。故法律上皆禁止其执行职务。

(4) 判事曾干与其事件之豫审终结时,及干与前审之裁判时。

豫审即搜查证据,为公判准备之手续。判事干与豫审终结者,谓自始至终,判事皆干与其事也。判事既干与本案之豫审终结,即不得再与公判，所以防其豫断。中国新定刑诉法，拟以豫审属之检事。判事既不干与豫审，则此种问题，无从发生。前审为上诉以前之审判，即上诉所攻击之判决，与豫审自异豫审为公判以前本审判厅所为审理之一部，前审为上诉以前下级审判厅所为全部之审判。控诉之前审，即第一审；上告之前审，即第二审。判事既干与前审，前之判决，为被告所不服。若再令该判事参与上级审判，势必处于碍难之地。微论该判事无由自知其错误，有意气用事之虞。藉令知之，过之于前，而更之于后，勉从今日之是，大彰昔日之非，人非大智，莫不有饰非文过之观念。判事犹恒情耳，其必有以自掩可知，法律为维持裁判之公平，故除斥之。

（乙）判事之忌避。

判事有除斥之原因时及有偏颇之虞时，检事及其他诉讼关系人，得忌避之。

除斥原因，如前述。偏颇之虞，指曲庇或陷害而言。在除斥四种原因之外，而与之相似。如除斥原因第二项所谓亲属，以六等亲为限。若七等八等亲，法律上虽不认为亲属，而就实际上观之，较之六等亲则疏，较之异姓则亲。又如非亲属而有故旧之谊，亦与亲属无异。判事仍不免有左袒之心，左袒即偏颇也。又如搜集证据时，所搜集者，皆不利于被告之证据；或传唤证人时，所传唤者，皆有利于被告之证人。所利在此，所害在彼。上下其手，爱恶从心，皆偏颇也。凡判事有此等征验时，检事及其他诉讼关系人，得忌避之。

忌避申请之手续。忌避须用书面，或依口头，申请于判事所属之裁判所，且疏明其原因。

疏明对于证明而言，证明者，无论何事，但能证明本事，皆可征引，不厌其繁。疏明以简单明了为主。如判事偏颇，例当忌避，其偏颇之情形如何，止须举一二确切之事实以表明之，不得牵引其他事实。

忌避申请之时期。（1）以有除斥原因为理由之忌避，不问诉讼之程度如何，得申请之。（2）以有偏颇之处为理由之忌避，既于判事之面前为某种申立之后，及既对于相手方之申立为陈述之后，不得申请之。但逮其后初见忌避原因发生时，及觉知其存在时，不在此限。

（1）以除斥原因为忌避之理由，当诉讼未终了以前，皆可申请。（2）因判事偏颇而忌避，不得以暧昧之事为据。必有简明之事实，可以惹起判事之偏颇。而判事之偏颇，又必发表之于行为，其情不难立辨。辨之既明，及早申请可也。若诉讼开始以后，得任意申请，则判事本无偏颇时，而被告人因有不利于己之判决，妄指为偏颇，申请忌避，使判事不得安于其位，而诉讼之反覆无穷，其流弊甚多。故申请之时期，以在诉讼开始前为原则，以在诉讼开始后为例外。如被告与判事有亲属关系，而发生于诉讼开始之后；或判事之偏颇，先已存在，而当事者漫无省察，及诉讼半途，乃始觉知，亦得申请。此例外办法也。

忌避申请之效力。凡有忌避之申请时，公判则中止其辩论，豫审，则除急速事宜外，得中止之日刑诉四三条。

当忌避之问题发生时，判事对于本案，当立时停止审判。果系不应忌避，亦必待所属裁判所决定后，始能接续审理。若既申请之后，未决定之前，判事不停止审判，其审判为无效。豫审要急速者，因恐犯罪之证据消灭，故仍继续其处分。若认为不必处分，则中止其手续可也。

忌避申请之裁判。忌避之申请，据民诉法第三六条至第三八条所定。原裁判所或上级裁判所用决定裁判之。

忌避申请，由原裁判所或上级裁判所裁判之按日民诉第三六条，被申请忌避之判事，属合议裁判所者，由本裁判所开合议裁判所审定之。但被忌避之判事，不得参入。若被忌避之判事，属于区裁判所，则径归上级地方裁判所裁判之。其裁判之方式，用决定，不用判决。裁判官唯据申请者所主张，决定其当否，不必经口头辩论。

（丙）判事之回避

判事自认有除斥原因时，及思料有应回避事情时，须申立回避于管辖忌避申请裁判所。而其裁判所，应裁判回避申立。

回避者，判事不待裁判所之除斥，与当事者之申请忌避，而先行引退，愿不干预裁判，以自洁其身，兼以维持裁判之公平之谓也。回避之原因有二：（一）有除斥之原因时；（二）有应回避事情时。有一于此，即当回避。管辖忌避申请裁判所，即原裁判所，或上级裁判所。原裁判所，指判事所属之合议裁判所而言。若区裁判所之判事，事由自主，不能于本裁判所申立回避，应申立于上级裁判所。判事申立回避，若未得管辖裁判所之许可，仍有审理本案之责。盖裁判所对于判事之回避申立不遽许可，尚须加以调查，恐有不勤职务者，惮于案件之繁难，托词规避也。故判事之回避，必得裁判所之允许而后可。

除斥及忌避之效力。为所除斥或忌避之判事，干与裁判时，其裁判为违法，听上告及破毁日刑诉第二六九条第二号第三号。

应除斥或忌避之判事，干与裁判时，其所为之裁判，大概为诉讼半途中之裁判，是为决定。对于决定之上诉为抗告，抗告止许一次。此所谓上告，乃以裁判违法为上告之理由，非抗告以后再行上告也。又非不准提起控诉，乃指其裁判违法，可由上告裁判所宣告破毁破毁，谓破除其全部之裁判而言。诉讼法上仅规定除斥忌避之效力，而不及回避。盖判事既自请回避，则不与裁判，是其本心，断无既却复前进退失据之理。万一恋权好事，强行干与，其裁判为违法，听上告及破毁。与应除斥忌避之判事，同一办法。诉讼法上虽无明文，亦可推想而知。

（二）裁判所书记之除斥忌避及回避

判事除斥忌避及回避之规定，准用之于裁判所书记。但其裁判，由书记所属裁判所为之日刑诉第四〇条第四号规定，不适用之于书记，因书记无从干与裁判也。

（三）执达吏之除斥

执达吏除斥之原因，与判事除斥之原因第一号至第三号相同。日本执达吏规则第八条。执达吏专司送达书类，执行裁判执行裁判之一部分，如刑事上罚金没收，民事上强制执行，由执达吏执行之。非执行裁判之全部也。若与被告人被害者有亲故关系时，必不能公平执行职务，故除斥之。

第三节 裁判所之管辖

裁判所之管辖,有事物管辖、土地管辖、职务管辖三种。本节说明前二者,其职务管辖,详第三编。

诉讼法上,既规定裁判所之权限,又规定裁判所之管辖。或疑管辖与权限,互为代表名词。不知权限之意义宽,管辖之意义狭。裁判所之权限云者,指宪法、裁判所构成法及其他法律所委任之权限而言。凡司法上统治机关所有之统治作用,如司法行政事务,司法事务,皆赅括于裁判所所有权限之中。裁判所之管辖云者,专言司法事务之管辖,无谓所司法行政事务之管辖,此管辖与权限不同之点也。或又疑管辖权与裁判权,互为代表名词。不知管辖权与裁判权,虽同属司法事务,其意义亦有广狭之分。裁判权为对于司法事务断定一切之权;管辖权,乃裁判权之一种,专指对于土地事物及职务上一定之断定权而言,二者不能有同一之范围。例如天津及北京审判厅,各有管辖权,彼此不相侵越。而有时应属天津审判厅管辖之事件,误诉之北京审判厅。北京审判厅,对于此案,并无管辖权,然能下一定之判决下不属于本审判厅管辖之判决。是管辖权之外,另有裁判权。则裁判权之范围博大,管辖权之范围狭小可知。此管辖权与裁判权不同之点也。诉讼法上必须规定裁判所之管辖,何也?盖国家设立多数裁判所,裁判所各有裁判权,即各有一定之界限。若多数裁判所之裁判权,为同一之范围,则生两种不良之结果。(一)一种事件,可起诉于无数裁判所。(二)甲裁判所已经判结之案,又起诉于乙裁判所。如是,则诉讼无终了之期,裁判上有纷纠之患。国家与人民,均有未便。故诉讼法上,就事物、土地、职务三方面,区分其界限,以杜纷乱之端。无论何国,皆采此制。中国各审判厅,亦未尝无界限。但诉讼法尚未完备,无可为论断之根据。本节所述,皆就日本裁判所构成法言之。

其一 事物管辖(即据诉讼目的物之种类而定之管辖)

(一) 区裁判所

第一、违警罪但别有判决例。

违警罪之裁判权,日本以属之区裁判所。中国以属之警察厅,不属之初级审判厅。区裁判所为司法官厅,警察厅为行政官厅,二者区别甚大。按之法理,违警罪之裁判权,究以属之何官厅为正当?欲解决此问题,当先辨明违警罪之性质。据各国立法例及学说,关于违警罪性质上之解释,各有异同。其最著者有二说:第一派学说,谓违警罪乃普通犯罪之最轻微者,然不能不谓之犯罪。既为犯罪,当使司法官厅裁判之,不当属之行政官厅。不然,是违反宪法之规定也。此说之兴,风靡一时。日本十余年前,学者多附和之。即近年国会中,亦尚有赞成此说之人。第二派学说,谓违警罪乃违反警察命令之应科以罚者,与普通犯罪不同。违警罪之裁判权,当然属之行政官厅,不可属之司法官厅。盖警察命令,为国家行政作用之一种。国家行政作用有二:(一)助长行政,以防止危害为宗旨,如建筑堤防等是。(二)豫防行政,又分二种:(一)不限制人民自由。如修筑堤防,所以限制洪水之自由,非限制人民之自由也。(二)限制人民自由。如道路圮毁,从新修造,工程未竣时,禁止人民行走是也。而限制人民自由,又有科罚不科罚之分。据日本警章,凡警察见醉人将赴危险地水中或火中时,可拘禁之。然除拘禁外,并无罚之可科，此限制自由而不科罚之例也。其科罚者，所谓违警罪是也。由是观之，警察为行政作用中之豫防行政，违警罪为豫防行政之限制自由而科以罚者。违警罪之性质，既不离乎行政范围，则违警罪之裁判权，当然属之行政官厅，无疑义矣。此两派学说，适相反对，欲批评其是非，当从两方面观察之。(一)以法律为根据。凡有成文法之国，如德法日等国。关于违警罪之裁判权，法律上必有明文规定。或属之行政官厅，或属之司法官厅。何者为违宪，何者非违宪，各就其法律所规定者批评之。则两派学说之是非，不难立辨。(二)以法理及事实为根据。如中国现在各种法律，并未完备。既无所谓宪法，则违宪不违宪之问题，无从发生。惟有就法理上考察其当否，就事实上考察其利害而已。就法理上言，普通犯罪与违警罪之区别，并无一定之原则。如同一犯罪，甲国认为普通犯罪，乙国认为违警罪。各从其是，亦无不可。且中国向无违警罪与普通犯罪之分，亦未见有何等之不利益。违警罪之种类，既无确实之考据，则违警罪之裁判权，应属之何官厅，亦无从断定。属之司法官厅，可也；即属之行政官厅，亦无不可。就实际上言，如中国现行违警律，所定皆轻微之罪。罪既轻微，则宜迅速判决。与其属之司法官厅，必经过一定之手续。手续复杂，判结不易，官民均有不便，何如属之行政官厅，依简单之办法，收敏捷之结果之为得乎？乃有为事实之攻击者曰：行政官之法律上之学问阅历，必不如司法官，难免有不法之处分。虽敏捷，又何益？不如仍属之司法官。办理虽较迂缓，而判决可保公平。为此说者，为慎重裁判起见，固未可厚非。然裁判不平，乃为行政官之人之过，非以行政官裁判违警罪之制度之不善。攻击其人可也，攻击其制度，则不可。且即以违警罪之裁判权，属之司法官厅，亦必以初级审判厅为限。初级审判官，为最下级司法官，其法律知识，未必较行政官为高明。又安见为司法官之人，无一非圣于法学之人乎？论者云云，殆一孔之见，与前述第一说之所主张，虽微有不同，而悠谬则一，皆非有法理及实际上之根据者也。虽然，中国现以警察厅管辖违警罪，虽无可议。然审判违警罪之办法，尚未完备，不可谓非缺点。非及早详定章程，不能保无流弊。

第二、窃盗罪及关于窃盗赃物之罪。

各种罪犯，以犯窃盗为最多，而裁判上又以裁判窃盗罪为最易。盖窃盗犯到案，辄尽情供吐，罪状及证据物既显露，不难立下判决。日本从前以窃盗罪及关于窃盗赃物之罪，属之地方裁判所管辖，继觉其不便，改归区裁判所。中国刑诉法草案，亦有此规定。

第三、本刑该禁锢六月以下罪，但并科或附加罚金三百两以下者，亦同。

禁锢六月以下罪，刑期甚短。中国刑诉法草案，拟改为四等有期徒刑三年未满一年以上以下罪，归初级审判厅管辖。

第四、本刑该罚金二百两以下罪。

（二）地方裁判所

第一、为第一审。

不属于区裁判所之权限，并大审院特别权限之刑事诉讼。

大审院管辖第一审且终审之案件，谓之特别权限。凡第一审案件，除属于区裁判所及大审院外，皆归地方裁判所管辖。故地方裁判所案件最繁，介于区裁判所大审院之间，为第一审刑事诉讼之中心,其职务最为重要。

第二、为第二审。

(甲)对于区裁判所判决之控诉。

(乙)对于区裁判所决定及命令法律所准之抗告。

对于决定、命令,有许上诉者,有不许上诉者。日本法律上以明文列举之,必法律准其抗告,乃能抗告。其详细理由,详第三编第三章。

(三)控诉院

第一、对于地方裁判所第一审判决之控诉。

第二、对于地方裁判所对于区裁判所判决而所为判决之上告。

(四)大审院

第一、为终审。

(甲)对于前项第一号之控诉判决之上告。

(乙)对于控诉院决定及命令法律所准抗告。

第二、为第一审且终审。

对于皇室之罪、内乱罪、外患罪、皇族所犯可处禁锢或其以上刑之罪之豫审及裁判。(其共犯亦同日刑诉第二八条。)

以上二项所定,可为中国刑诉法规定大理院事物管辖之模范。但中国论者,多主张人命重案及其他关系较大案件,经大理院判决后,必须由法部复核,以示慎重。此说大谬。法部为行政官厅,决无干预纯粹司法事务之权限。

事物管辖之并合。通常的事物管辖，有并合之时，其情形如下：

第一、如同一被告人，或共犯中一人或数人，有事物管辖不同之数罪时，以同一审级者为限，上级裁判所，并管辖之日改正刑诉案第五条第二项参照。

本项有三种情形：(一)同一被告人犯事物管辖不同之数罪时。例如某甲曾犯窃盗罪，后又犯强盗罪是。(二)共犯中一人有事物管辖不同之数罪时。例如甲乙二人，先共犯窃盗罪，后甲又独犯强盗罪是。(三)共犯中数人有事物管辖不同之数罪时。例如甲乙丙丁四人先共犯窃盗罪，后甲乙二人又共犯强盗罪是。窃盗属区裁判所管辖，强盗属地方裁判所管辖。同一犯罪人而事物之管辖不同，若分属两裁判所裁判，则手续较繁，诸多不便，不如使地方裁判所并管辖之。此就强窃盗罪均发生于第一审而言。若窃盗罪在地方裁判所发觉，强盗罪在控诉院发觉；或窃盗罪已经过区裁判所之判决，而控诉于地方裁判所，强盗罪已经过地方裁判所之判决，而控诉于控诉院，均为第二审，则使控诉院并管辖之。若窃盗罪在控诉院发觉，强盗罪在大审院发觉；或因不服控诉审之判决而为上告，均为第三审，则使大审院并管辖之。此种案件，虽事物不同，而强盗罪之犯人，即窃盗罪之犯人，以并案为得策。案未终结，皆可并合，并非以发觉之时为限，即裁判开始以后，亦能并合。又非以同时起诉为限，即起诉时间不同，亦能并合。例如甲犯窃盗罪，一月中在区裁判所起诉，至三月尚未判结，而乙在地方裁判所，又发觉甲之强盗罪，应归并地方裁判所裁判是也。所谓以同一审级为限者，谓区裁判所，地方裁判所，同为第一审。地方裁判所，控诉院，同为第二审。控诉院，大审院，同为第三审。同一审级，即可并合。若区裁判所与控诉院、大审院，地方裁判所与大审院，皆非同一审级，不能并合也按大审院管辖特种诉讼之第一审时，与区裁判所地方裁判所同一审级，可以并合。例如国事犯属大审院管辖，若同时又犯强窃罪，则由区裁判所移付大审院并决之。见板仓氏刑诉法。审级与裁判所之等级，不可混同。裁判所之等级有四，审级止有三。表示如下：

裁判所之等级	一、	二、	三、	四、
审　级	一、区裁判所	一、二、地方裁判所	二、三、控诉院	三、大审院

第二、管辖正犯裁判所，并管辖从犯日刑诉第二八条。

正犯从犯，归一裁判所管辖，专为事实上便利起见。如皇室犯罪，大审院有管辖第一审且终审之权。若皇室与平人共犯罪，皇室为正犯，平人为从犯时，使各异其管辖，是一案而使两裁判所分担判决之职务，时间必致延长，案情不能统一。故不如使大审院并管辖之，较为简便。又平人为正犯，皇室为从犯时，亦归大审院管辖。大审院既管辖为从犯之皇室，因之并管辖为正犯之平人，此例外办法也。

其二　土地管辖

(一) 管辖区域

裁判所之所在地及其管辖区域，以独立之法律定之。

裁判所之所在地，非如一私人之家屋，可以随意迁移。其管辖之区域，非可以随意增减，必以法律定之。凡已设之裁判所，所管辖之地，广袤若干，有若干府县，必纤悉列表，划分界限，宣示于外，使众咸知。其所在地有变更时，亦必以法律规定，所以昭慎重也。此为各国之通例。中国编制法草案，规定各审判厅所在地及管辖区域，由法部酌核奏定，似与各国通例不合。然有两种理由：（一）中国尚未立宪，无议会，即无法律。既无法律、命令之区别，则审判厅之辖境，不得不暂由法部奏定。（二）以审判厅辖境之筹划，作为司法行政事务，亦与司法独立无碍。既可作为司法行政事务，则属之法部，又当然之事矣。然此特就中国现在情形而言，若将来宪法成立，法律完备，则当改从各国之成例，不可永久以法部之命令为法律之代表也。

（二）裁判籍

人（或事物）应属某地裁判所管辖，谓之裁判籍。刑事裁判籍如下：

第一、国内犯罪。犯罪地及被告人所在地之裁判所管辖其豫审及公判。

裁判籍之确定，以何者为标准，古时刑诉法，采用威吓主义，在何地犯罪，即在何地处罚之。使知其事者，皆怵于刑威而不敢犯罪，故以犯罪地为裁判籍。近世则不然，有犯罪者，付之以公平之判决，并不以适用刑法为威吓人民之手段，然仍以犯罪地为裁判籍，何也？盖专为调查证据之便利起见一切证据，均在犯罪地就地调查，可省手续，与古时所主张之理由不同。既以犯罪地为裁判籍，又以被告人所在地为裁判籍，何也？盖裁判籍之确定，必须酌量事实之便益，使不以犯罪地为裁判籍，则不便于调查。使必以犯罪地为裁判籍，则犯人之捕获，不在犯罪地时，必须解交犯罪地裁判所。既有护送之烦难，又有脱逃之危险，且多费时间，稽迟裁判，有种种不便。故近世各国刑诉法上，均兼用犯罪地所在地两主义。或以所在地不便调查为疑，不知犯罪之情形，有复杂者，有简单者，罪状简单，则无须调查。复杂者虽以调查为必要，然并不必挟同犯人至犯罪地，密接对证，止须所在地裁判所，通告犯罪地裁判所，代为调查，证据完备，即可判决，并无何等之窒碍。然兼用两主义，必不免有裁判籍之冲突。例如同一犯罪，而起诉于两地之裁判所，将使所在地裁判所裁判之，抑使犯罪地裁判之？欲解决此问题，当视其起诉时间之先后，先着手裁判之裁判所并管辖之。若同时起诉，无先后可分，则由上级裁判所指定之。

犯罪地云者，犯罪要素发生地之谓也，其一部之发生地亦同。例如甲地发枪，乙地人死，甲乙两地，皆为犯罪地。

不断定犯罪地，则裁判权无从实施。盖犯罪之地，视犯罪行为影响之所及，有种种变化。国际之犯罪，其犯行之起讫，辄介于两国之间，国内亦然。往往同一犯罪，而跨于两裁判所或两个以上裁判所管辖之区域。例如中国禁止旅行携带凶器，设有某甲携枪，通行数省，将以何处为犯罪地乎？又如新闻纸干犯例禁时，其报纸已传遍各处，将以何处为犯罪地乎？此种问题，甚难解决。外国学者，有两种议论：一、行为地说，以行为地为犯罪地。二、结果地说，以结果地为犯罪地。结果地说，又分三派：一、初发生结果地说；二、次发生结果地说；三、最终发生结果地说。如犯罪人于甲地放枪，于乙地死人。据行为地说，则放枪地为犯罪地，据结果地说，则人死地为犯罪地。若采结果说中之初生结果说，则被伤地为犯罪地；采次生结果说,则因伤而病地为犯罪地;采最终结果说,则死亡地为犯罪地。此数说皆未尽善。盖行为结果,皆犯罪之要素,二者缺一,即不成为犯罪,更何从断定犯罪地。取行为而舍结果,取结果而舍行为,是止知有犯罪之一部,其说已驰于一偏,皆不足以解决犯罪地之问题。本项谓甲乙两地,皆犯罪地,盖理论上必然之解释也。或问甲乙两地裁判所,皆有裁判权。同一犯罪,而有两个之裁判籍,保无有裁判之冲突?解决此问题,当依土地管辖并合之规定。

所在地者,现在地之谓也。不分其为一时的居住,与为永久的居住。但通行地含于其中与否,议论不一致。

所在地,专指现在地而言,不问其为居所或住所。当提起诉讼时,犯人现在何场所,即何场所为所在地。至通行地是否所在地,学者间尚无定论,但主张通行地为所在地者居多。盖现在地便于逮捕,通行地亦便于逮捕,故可以通行地为所在地。然亦有不以此说为然者。

第二、国外犯罪,如逮捕被告人于内地时,逮捕地之裁判所管辖之。如受外国之送付时,受送付地之裁判所管辖之。

称国外者,系以本国为标准。凡不属于本国之地,概指为国外。言国外,则外国及无所属地,皆在其中。若指定外国,则大洋绝岛之不名为何国属地者,不在法律规定围范之内矣。

第三、海船内犯罪,由定系港之裁判所,或犯罪后最初着船地之裁判所,或犯人上陆所在地之裁判所管辖之。

定系港即船之住所,人之住所,为本人事务之中心,不问本人之身体现在其地与否。船之住所,为船之事务之中心,亦不问该船现在其地与否。定系港与船籍不同,船籍指船之所属国而言,如人之有国籍。同一国籍之人,不必有同一之住所。同一国籍之船,不必有同一之定系港。海船内犯罪,由定系港之裁判所管辖之。与人之犯罪,由住所地裁判所管辖,同一理由。言海船而不及江河船何也?盖江河皆在内地,船内犯罪,自应属内地裁判所管辖,无庸有特别规定。

（三）土地管辖之并合

如有下列情形时,最初着手于豫审公判之裁判所,并合其管辖。

第一、同一被告人犯一罪,而二个以上裁判所有裁判权时。例如犯[1]地所在地不同,或一罪跨于数个区域是也。

第二、同一被告人犯数罪,二个以上裁判所有管辖权时。

第三、数人共犯,土地管辖不同时,但从犯属于管辖正犯裁判所。

以上三项,皆以最先着手裁判之裁判所,为法定管辖裁判所。各国刑诉法上,皆以此为原则,颇称便利。然就立法上言之,尚有不甚完美之处。凡审判案件,必证据确具。例如某丙杀人,由所在地甲裁判所捕获,即该裁判所最先着手裁判。而犯罪地乙裁判所,又发觉其事例,应并归甲裁判所管辖。惟乙裁判所调查证据,甚为完

---

① 此处疑脱“罪”字。

备。若并归甲裁判所管辖,则不适于事,不如归并乙裁判所为便。此可见各国所采用之原则,亦有不能适用之时。中国刑诉法草案,拟定一例外云:凡后着手之裁判所,于审理该案件上,有便利之情形时,得使后着手裁判所并管辖之。

其三　事物及土地辖管之效力

如不当认为有管辖权或为无管辖权时,则得以之为控诉及上告之理由。而受理上诉裁判所,须取消或破[1]毁原判决。但于不有土地管辖裁判所,既宣[2]告免诉或无罪时,则不得以不有土地管辖之故,为上告之理由。

关于事物及土地,裁判所各有一定之管辖权,必以法律保护其管辖权之效力,而后管辖权始有实用。不然,虽有事物土地管辖之规定,亦具文耳。假使本无管辖权,而裁判所误认为有,本有管辖权,而认为无。则受判决者,得以之为上诉之理由。上级裁判所对于此种上诉,有两种办法:(一)取消或破毁原判决,而自为判决。(二)不自为判决,另使有管辖权之他裁判所判决之(详第二编第三章)。

凡不有管辖权之原判决,以取消破毁之为原则,但有例外。原裁判所既宣告免诉或无罪时,虽无土地管辖权,而不得以之为上告之理由。盖免诉或无罪之宣告,乃有利于被告人之判决。被告人断无请求上级裁判所破坏原判决变无罪为有罪之理,故被告人不得提起上告,并不得提起控诉不利自己之上诉,被告人不得提起。惟为

① 原文为"被",疑误。
② 原文为"宜",疑误。

原告之检事，以免诉或无罪之宣告为不当时，可以提起控诉，然不能上告。盖控诉为攻击事实点及法律点之上诉，上告专攻击法律点。原裁判所宣告免诉或无罪，虽有错误，非法律之错误，乃事实之错误，故许控诉不许上告。

如于上诉裁判所，为原裁判所不有管辖权之宣告时，则须更新既往之一切手续，但不丧失中断时效及维持①拘留状之效力日刑诉一六二、二二二、二六二等条。

原裁判所既无管辖权，其判决作为无效，则本案所经过之手续等诸无有。故上诉裁判所，须更新一切。中断时效，指公诉时效之中断时效而言。上诉裁判所虽废弃原裁判所所作之手续，而不得废弃其中断时效之效力。又因判决尚未确定，不得释放犯人，故须维持②拘留状之效力。

第四节 管辖之指定及移转

其一 管辖之指定

除有特别规定之情形日刑诉第三十五条外，如有下列情形时，得申请指定管辖裁判所。

（一）有权限之裁判所及应代之裁判所，均因法律上理由例如判事之除斥忌避等。或因事实上理由例如兵乱洪水传染病之交通遮断等，不能行裁判权时。

---

①② 原文为“特”，疑误。

此种情形,区裁判所常有之。若地方以上裁判所,则绝无其事。因区裁判所判事仅一二人,地方以上,判事较多故也。有权限之裁判所,即本管裁判所,应代之裁判所,即代理裁判所。凡此裁判所为彼裁判所之代理,此判事为彼判事之代理,各有一定之次序。每司法年度末,豫定次年度内之次序。若依次应为代理之裁判所或判事,亦有法律或事实上理由,不能行裁判权,则临时申请上级裁判所指定。与有权限之裁判所不能行裁判权时,同一办法。司法上代理,关系重要,本不可随意指定。此云由上级裁判所指定,亦不得已之办法也。

（二）管辖区域不明,或有疑议时。

此专指[①]土地管辖言。裁判所管辖区域,外国以法律规定之。中国由法部奏定,法定奏定虽不同,而管辖之区域有一定则无异。管辖区域不明,大抵因地理不明使然。如原定某河以东或以西,属何裁判所管辖,续因水势涨落,河道双迁,土地之范围有伸[②]缩则易起疑议。又如原定某山分水岭以东或以西,属何裁判所管辖。而该山分水岭甚多,是彼是此,莫知所指,不知管辖之谁属。此种问题发生时,得申请指定。

（三）法律上二个以上裁判所,互有裁判权时例如日刑诉二七二八条之适用上,对于一人,二个以上裁判所,同时着手于裁判时;及由二以上确定判决,二个以上裁判所,互有裁判权时。

法律上二个以上裁判所互有裁判权,例如犯罪地及所在地裁判

---

① 原文为"专",疑误。

② 原文为"绅",疑误。

所同时着手裁判是。由二以上确定判决二个以上裁判所互有裁判权，例如某甲在北京犯窃盗后，逃至天津。北京犯罪地初级审判厅，既行审判，由被告提起控诉，主张应由所在地审判厅审判。而北京地方审判厅，却下其诉。天津所在地初级审判厅，对于同一被告，既行审判，由被告提起控诉，主张应由犯罪地审判厅审判。而天津地方审判厅，却下其诉。此两处初级审判厅，各本诸上级审判厅之确定判决，各有审判权，据常例应由先着手审判之审判厅并管辖之。惟二个审判厅，各主张最先着手时，不能适用常例，非申请指定不可。

（四）二个以上裁判所，为不有权限之确定判决，或由上级裁判所，受不有权限之确定判决，而其实其一裁判所应行裁判权时。

应指定管辖之裁判所，有前段各号所揭情形时，则并管辖各裁判所之直近上级裁判所，裁判指定管辖之申请。

- 大理院
  - 甲高等
    - 丙地方
    - 丁地方
      - 庚初级
      - 辛初级
  - 乙高等
    - 戊地方
      - 壬初级
      - 癸初级
    - 己地方

如图：庚辛两初级审判厅，发生管辖之问题，由并管辖之直近丁地方审判厅指定之。丙丁两地方，由甲高等指定。甲乙两高等，由大理院指定。辛壬两初级，亦由大理院指定。

有申请权者。申请指定管辖权，检事及其他诉讼关系人皆有之日刑诉三二条。但被告人不得以前段第四号情形，为申请指定管辖之理由。

前段第四号情形，乃二个以上裁判所，皆自认无裁判权。无裁判权，则置其事于不问，于被告有益，故被告不得申请。

手续。申请指定管辖之手续，在于提出其宗旨书于应指定管辖之裁判所，由其裁判所据其宗旨书，用决定指定之日刑诉三三条。

应指定管辖之裁判所，即并管辖各裁判所之直近上级裁判所。关于指定管辖之裁判，不必经口头辩论，故用决定。

其二　管辖权之移转日刑诉三四条以下

裁判管辖，或为公安，或为嫌疑，而得移转之于他同等裁判所之管辖。

裁判所事物土地之管辖，皆由法律豫定。而有时因特别情形，移转其管辖，公安嫌疑，即特别情形。

公安上之移转。为公安而移转裁判管辖之申请，检事总长，应承司法大臣之命令，提出之于大审院而大审院决定其申请当否，不须听诉讼关系人之辩疏。

如某甲为被告人，其犯罪之行为，婴地方之公怒，或地方共表同情。众恶之，则欲加以过当之惩创；众好之，则不忍坐视其罹刑罚之灾。此等案件，关系公安，该管裁判所，纵能为适当之裁判，然必不能充足众人之愿望，且恐因此惹起暴动。例如中国地方上，有外国教士为害，为某甲所杀，甲之任侠，为地方所欢迎，该管裁判所，势不能对于甲下杀人罪之裁判。不然，必为舆论所不容。故凡关系地方公安之案件，本裁判所处于碍难之地，必移转其管辖。一经移转，则本裁判所不任裁判之责,他裁判所发生意外之责任。故移转之关系甚大,其办法亦极慎重。各国裁判所之管辖区域,皆由法律豫定。移转管辖时,亦有法律上之根据。中国审判厅辖境,由法部酌定,故移转管辖,亦必以司法大臣之命令行之,以昭慎重。

嫌疑上之移转。为嫌疑而移转裁判管辖之申请,检事及其他诉讼关系人,应提出之于上级裁判所。(但法律上有一定制限)。其手续在于送呈其宗旨书二通于原裁判所,原裁判所书记,即速送达其一通于相手方。相手方于三日以内,提出答辩书但提出答辩书与否为相手方之自由。上级裁判所,接受关系书类,即据其书类,决定其申请之当否。

日现刑诉法三六条:"因被告人之身分,地方之民心,或诉之模样,恐有不能维持裁判之公平者,得移其事件于同等之他裁判所,以避嫌疑。"例如被告人为地方素有势力之人,该管裁判所,或因是而为无罪之判决,此嫌疑之因被告人身分而发生者;又如被告请求传唤有利于己之证人,该裁判所却下其申请,被告指为偏颇,此嫌疑之因诉讼模样而发生者。有此种嫌疑,应移转其管辖。惟申请者主张有嫌疑,难保相手方不主张无嫌疑,故送达宗旨书一通于相手方,使为答辩。

第五节 法律上共助

各裁判所虽有管辖之规定,然若绝对禁止行管辖外职务,则实际上酿成重大不便。故法律上别设裁判所互相辅助之规定，是为法律上共助日构成法一三一条以下。大略如下：

共助者，负担他人一部事务之谓。裁判所共助，有本诸法律规定者，有不然者。如甲乙两裁判官同僚相友善①，遇有国际诉讼，甲有调查内外国判决例之职务，事繁不能兼顾，托乙代为调查，此交情上之共助，非有法律之规定。本节专就法律所规定者言之。例如犯罪地及所在地裁判所，皆有土地管辖权，所在地裁判所，先着手裁判时，应并合其管辖。惟一切证据，皆在犯罪地，依法律之规定，所在地裁判所，可嘱托犯罪地裁判所，代为调查，是为法律上共助。假使无共助之方法，则所在地裁判所，须派专员前往调查，费时费财费力，且恐证据湮灭，不易得犯罪之真相，所谓实际上酿成重大不便是也。

（一）豫审判事，得嘱托在管外被告人之讯问拘留及护送于其地豫审判事，或区裁判所判事日刑诉七十条以下。而受嘱托之判事，名曰受托判事。

（二）关于豫审或公判之证人亦同日刑诉一三二条。

（三）临检搜索及差押，豫审判事，得嘱托之于管外或管内区裁判所判事日刑诉一一二条一三二条。

以上三种情形，简单言之，即调查证据之嘱托。讯问被告，亦调查证据之一端。拘留护送，乃调查证据之手毁②。临检即临场实检，搜索即搜查人及物之所在，差押即查封，查封证据物，乃保全证据之方法。管内裁判所之共助，为事物管辖上之共助，管外之共助，为土

① 原文为“喜”，疑为“善”字之误。

② 原文为“毁”，疑为“段”字之误。

地管辖上之共助，此皆日本现行刑诉法所规定。中国拟不以豫审事件属之审判厅，则无所谓豫审判事之嘱托。

受嘱托之判事，发见其事宜不在于自己管辖内，则不可应之。在于自己管辖内，则不得拒绝之。

诉讼上共助，近来列国间，亦有依条约定之者，盖属于至便。

前述情形，为国内共助。近来诉讼上，有国际共助法。如中国刑律草案三至五条规定，中国人在外国犯罪，适用中国刑律。然证据不定备，则不能定罪。例如中国人在日本犯罪，复回中国，中国审判厅审判此案，必调查证据而后判决。但一切证据，皆在日本。该审判官势不能自往调查，若令驻日之中国公使或领事就地调查，在理论上本无不可。然就事实上言，中国公使领事，对于存在日本之证人及证据物，无搜索讯问之职权，即不能胜调查证据之委任，必嘱托日本裁判所调查之而后可。然必先有共助之条约，不然，虽有嘱托，不可应之。日本现拟与欧美各国订共助之约，尚未实行。中日比邻交通甚繁，缔约共助，尤为义务。

第二章 原 告

第一节 公诉原告

公诉云者，具体的确定科刑权之存否及范围之请求之谓也。提起及实行公诉之权，专属于国家。而以一定官吏（即检事）管理其事务，是为现今法日等国所采用制度德国以轻微事件为限，许被害者起诉；奥国以检事不起诉时为限，许被害者起诉；英美诸国，推一般人民起诉，不设置检事。凡采用此制度之国，国家即公诉原告。检事者，公诉原告代理也。而裁判所非有检事之起诉，则不得开始刑事诉讼，此为原则。

科刑权专属于国家惟美国尚有私刑之例外，有时为抽象的科刑即刑事立法。有时为具体的科刑即刑之宣告。具体的科刑，必有请求之者。此请求之方式，因时代变迁而不同。古时国家，采用私人弹劾式，以具体的科刑之请求权，委之私人。凡犯罪之害一私人者，为私罪。许被害人起诉，谓之私诉。犯罪之害及公众者，为公罪。无论何人，皆可起诉，谓之公诉。虽有公诉私诉之分，其实皆私诉也详绪论第三章。现今大多数国家，对于一切犯罪，皆认为对于国家之罪恶。故起诉之权，属之国家。因国家有起诉权，故称其诉曰公诉。公诉之提起，由代表国家之机关（即检事）行之，但各国所采主义不同。法日为绝对的检事起诉主义，德奥为原则的检事起诉主义。前之主义，一切犯罪，非检事不能起诉；后之主义，以由检事起诉为原则，以由人民起诉为例外。此外尚有英美主义，不设检事，概由人民起诉。此与绝对的检事起诉主义，适相反对。盖英美历史上，有特别沿革，故不设检事。非谓检事制度，不可采用也。中国现已试办检察，当以采用原则的检事起诉主义为便。

其一　检事局外部之组织

检事局，配置之于各通常裁判所。各检事局，置相当员数检事日本裁判所构成法第七条附置检事局于裁判所云云，附置二字欠酌。盖检事局为独立的官厅，非附属于裁判所之官厅也。

一人或数人检事，因故障不得掌理事件，而其事件系要急速者，则裁判所长或区裁判所判事单独判事或监督判事得令判事代检事掌理其事件日构成法四及六条。

区裁判所配置检事局检事之事务，得使其地警察官、宪兵、将校下士或林务官掌理之。司法大臣于必要时，得命检事代理区裁判所判事补、判事试补或郡市町村长。

判事补即候补判事。判事试补，即学习判事。

其二　检事局内部之组织

检事局者，通上下而为一个机关，其首长为司法大臣。司法大臣以下，监督次序如下：

第一、司法大臣监督各检事局。

第二、检事总长监督大审院检事局及下级检事局。即监督全国检事局。

第三、检事长监督其控诉院检事局及管内检事局；

第四、检事正监督其地方裁判所检事局及管内检事局。

监督权实施之形式如下日构成法一三六条：

第一、若被监督检事，掌理事务不适当或不充分，则促其注意，及训令应适当掌理之事务。

第二、不分职务内外，若其行状与地位不相应，则谕告之。但谕告前，须使其检事得为辨明。

其三　检事之职务

检事于刑事诉讼，有提起及实行公诉之职务。然此不过为检事代表公益之结果，至检事职务全体之范围，则不止此。

广义之司法上行政，兼狭义之司法上行政及检察事务而言。狭义之司法上行政，如裁判官之任免，裁判所之会计出入，公牍往还，监督下级裁判所皆是。检察事务，如搜查证据及提起公诉，实施公诉等是。中国现拟以豫审改归检事，故就中国言，检察事务，可分为六种：(一)搜查犯罪；(二)豫审；(三)提起公诉；(四)实施公诉；(五)执行刑事裁判；(六)及其他。此六种，为检察事务之顺序。若就检察事务之性质言，则以提起公诉为最重要。

(一) 一定之行为，于实体法上即刑法上构成犯罪时，检事得不起诉乎？抑必要起诉乎？裁判所构成法及诉讼法无明文。就日本言，则解释上实施自由主义一名放任主义，或便宜主义，谓检事有不起诉之职权。而法德诸国，则实施法定主义一名厉行主义，谓检事不得不起诉。

检事当提起公诉之先，必须调查证据，证据不足，则不起诉。故检事有认定证据足以维持公诉之有罪与否之自由，即有不起诉之自由。例如某甲虽有犯罪之嫌疑，而是否犯罪，未能断定，检事须调查种种证据。若证据不足以实其罪，则不能因偶然之嫌疑，使甲为被告，故此时可不起诉，由检事自由认定，乃当然之事。至检事既认定证据充足之后，是否尚有起诉不起诉之自由，则为法理上重要之问题。有主张自由主义者，谓检事提起公诉，为保护公益起见。若因起诉而害公益，则不起诉便。例如与外国交战时，总理大臣，统筹全局，以一身系国家之存亡。若检事因其犯赌博小罪，提起公诉，则该大臣当受裁判所审问，是因小而害大。故遇此等情形时，检事可不起诉。有主张法定主义者，以为刑法上之犯罪，证据已备，即当处罚。若检事得自由不起诉，则检事之职权，可以左右刑法，在法理上为不通。此两种主义，以后者为是。盖因起诉而害公益，其事甚少，只可视作例外，非原则也。若视为原则，则漏网者多。虽间有少数之利，而已得多数之害。故自由主义，必不可用。但日本刑诉法上，并无检事必须起诉之明文。中国刑诉法草案，拟以明文规定之。

（二）检事除立于原告地位，请求处罚被告外，更有立于代表公益者之地位，请求被告无罪或灭[①]刑之职权。

检事之职务，在代表公益，并非专以攻击被告为事。凡证据之应搜集者，不问其是否利于被告。被告有罪，则请求处罚，被告无

① 原文为“灭”，疑为“减”字之误。

罪，则请求昭雪。盖有罪应罚，为保全公益，不罚无罪，亦所以保全公益也。故检事对于嫌疑人，若获得无罪证据，即不起诉。已起诉，则取消。但日本法不许取消，而许检事有于公判庭请求被告无罪或减免之权。若宣告判决以后，始得无罪证据，则检事可提起上诉，请求取消其判决。若刑之执行中，或执行后，发见犯人无罪证据，则用非常上告或再审方法挽救之，或由检事总长，请求取消前判决。

（三）检事于搜查事务及豫审事务上，有指挥命令司法警察官警视、警部长、警部、警部补、宪兵将校及宪兵下士。及其他一定官吏岛司、郡长、林务官、市町村长等之职权日本现制上警视总监，及地方长官，有与地方裁判所检事同一之搜查权，此制流弊甚多。

检事员数有限，而事务甚繁。若无直接辅助之人，则职务上必多滞碍。故司法警察，直接为检事之辅助官。凡搜查犯罪，逮捕犯人，皆由检事指挥司法警察为之。然仅恃司法警察，仍恐不敷调遣。故岛司、郡长、林务官、市町村长等皆得为检事之辅助。据日本现行制度，警视总监及地方长官（指东京府以外之地方长官）与地方检事局检事，同有搜查权，同有指挥命令司法警察及其他一定官吏之权。此制虽便于一时，（如警视总监，遇急须搜查之事，不须通知检事，得径行搜查，其便可知。）而流弊甚多。其弊之最著者有三：（一）司法警察，无所适从。盖检事局可发命令，警视总监及地方长官，亦可发命令，使其意旨相同，则奉行较易。若彼此矛盾，则无所适从。（二）警视总监及地方长官，如与检事意见不合，或互争权限，或互相推诿，则无能办之事。（三）彼此同有搜查权，往往经警视总监搜查后，检事仍须搜查，多费周折，则办事迂缓。中国当鉴此弊，地方长官之搜查权,必以紧急时为限。

(四)检事于刑事诉讼以外,代表公益上,有各种职务,兹不具述。

刑诉外代表公益,就人事诉讼言,关于婚姻、相续、养子之诉讼。为人事诉讼,皆关系公益,检事有一定之职务,因不在刑诉范围以内,故略。

其四 检事局之管辖

检事局之土地管辖,与其配置裁判所之土地管辖同。

检事局所管辖,有一定区域。在区域以内,实行其职务,为原则。遇有紧急事宜,得于区域外,执行职务,为例外。

关于事物管辖,未定管辖裁判所之时,则法律上无制限。既定管辖裁判所之后,则其裁判所配置检事局检事,掌理其事务日刑诉六二六三六四一四五及一四六条。而送致前所为手续,不丧失其效力。

检事遇有犯罪人,即当逮捕,初不暇问其应属何检事局之管辖。惟既定管辖后,须送致案件于有管辖权之检事局,其前此之逮捕搜查等手续,皆为有效。盖检事上下为一体,法国语。虽非管辖事件,而手续相同,故仍有效。

提起及实行公诉上,检事局虽亦有一定事物管辖。而检事总长检事长及检事正,有于必要时,亲身掌理各管内检事之事务或使他检事掌理之职权。此盖欲使检事之执务,无过不及也。

日本检事总长,同中国大理院总检察厅厅丞;检事长,即高等检察厅厅丞;检事正,即地方检察长。上级检事,认为必要时,得办理下级检事之事务,可见检事上下为一体。

第二节　私诉之原告

私诉指返还赃物及赔偿犯罪损害之请求而言,是固被害者固有之财产权也。不分国家与一私人,苟因犯罪受财产上之损害,即得为私诉之原告,其债权者及相续人亦同。

私诉性质,本属民事,而基于犯罪之私诉,则属于刑事。因各国法例不同,故私诉权分为二种:(一)基于犯罪之一切民事诉讼之私诉权;(二)基于犯罪之民事诉讼之一部分之私诉权。如(1)返还赃物;(2)赔偿损害之诉是。日本现行刑诉法所谓私诉权,即第二种私诉权。故因犯罪而起离婚之诉,不得作为私诉。

有谓私诉之制宜废,凡基于犯罪之一切民事诉讼,皆宜属之民事裁判所者,此为根本上反对之论。日本改定刑诉法草案,即拟废去私诉,将来能否实行,未可预定。但就日本实际情形观之,即废去私诉,并无何等窒碍,或较为便利,亦未可知。中国则反是,中国素尚繁文,官场习为迟缓,将来实行诉讼法,当以力求简便为主。若废去私诉,必刑事始归刑事审判厅审判,则因犯罪所生之民诉,当由刑事审判厅,转送民事审判厅,辗转稽延,必多贻误。不如由刑事审判厅,就便管辖,较为敏捷。此盖为管辖之便利起见,而私诉之性质,初不因属之判事审判,而有所变更。

凡犯罪之行为，必为侵害公益之行为。而自他一方面观之，又为侵害私益之行为。私诉之提起，以因犯罪侵害私益为原因。所谓私益，非专指一私人之利益。故私诉之原告不以一私人为限，国家私权(财产权)受损害时，即国家为私诉之原告。公诉原告，惟国家能为之。私诉原告，则国家与私人皆能为之。如国家为债权者时，可为私诉之原告是也。

第三章　被　　告

第一节　公诉被告人及其代辅人代辅人非刑律上名词，乃假定名词，即代理辅佐之意

其一　公诉被告人

公诉被告人，即刑事被告人，即被提起公诉之有罪嫌疑人也。不问实际有罪与否，凡因有犯罪人嫌疑而受公诉者，皆谓之公诉被告人。

凡犯罪责任能力，诉讼当事者能力，及诉讼行为能力，其性质各不同。诉讼当事者能力之有无，不关于犯罪责任能力之有无。且于刑事诉讼，凡有当事者能力者，亦必有行为能力。

人之能力，实体法与诉讼法，规定不同。实体法上之能力，又区别民事与刑事。在民事为享有私权能力及法律行为能力。（有享有私权能力者，不必有法律行为能力，如幼者是。）在刑事为犯罪责任能力。（未满十六岁者，无犯罪能力。）诉讼法上之能力，分为当事者能力及诉讼行为能力。

当事者能力，即为原告或被告之资格，与实体法上之能力无关系。例如本无享有私权能力及法律行为能力者，自以为有此能力，提起民

事诉讼,虽审实为无能力者而可认为有原告之能力。又如疯癫者,未成年者,皆无犯罪任责能力,若提起刑事诉讼,亦不能以其无任责[①],而不认为当事者。又如检事对于未成年者,提起刑事诉讼,未成年者,不能拒绝。盖以未成年为理由,乃无罪之根据,非不能为当事者之根据。故诉讼当事者能力之有无,不关于犯罪行为能力之有无。

诉讼行为能力,民事与刑事不同。民事诉讼,有当事者能力者,不必有诉讼行为能力。刑事诉讼,则有当事者能力者,亦必有诉讼行为能力。盖刑事原告,为国家机关,(检事)自有诉讼行为能力,即被告亦必有诉讼行为能力。其理由有二:(一)检事为原告,无论于被告利否之证据,皆须搜查,本无成见,故被告知识虽极薄弱,亦无妨碍。(二)检事既有代被告搜求有利证据之责任,而被告又得自行选定辅佐人、代理人、辩护人为之保护。即被告不自选定,裁判所亦必令其选定或代为选定,则于被告之保护极为周至。被告虽无智识,亦可期诉讼实施。故凡为刑事诉讼之当事者,必有诉讼行为能力。惟对于法人,有一例外。法人为无形之团体,能为被告,而无诉讼行为能力。然法人既有代理,即认代理人之诉讼行为能力,为法人之能力,亦无不可。由是观之,无论何人,但有有罪嫌疑,系服从本国审判权者,皆可为刑事诉讼之被告。惟外国君主公使,不服从本国审判权,不在此限。

其二 公诉被告之代理人

公诉被告之代理人有二种,法定代理人及委任代理人是也。

公诉被告之法定代理人者,法令处罚法人时,代表其法

① 原文为“任责”,为“责任”之意。

人，应立于被告之地位者也。

公诉被告之委任代理人者，因被告之委任，代被告受刑事诉讼者也。日本现制上，以轻微罪为限，许用委任代理。刑诉二一四条。但其刑须科之本人。

其三　公诉被告之辅佐人

刑事诉讼所谓辅佐人者，补助公诉被告而为诉讼行为者是也。代理人则代被告而实施诉讼行为，辅佐人则立于被告之傍，而补助其诉讼行为，此两者之区别也。未成年者之亲、后见人[①]等被告之法定代理人，皆得为其辅佐人，但不能曲庇之。

辅佐行为之范围，与辩护人同，以防御不法及不当攻击，保护被告正当利益为限，但不得曲庇之。曲庇之情形，如为被告湮灭有罪证据之类是。凡为被告湮灭证据及有其他曲庇被告之行为者，其人如系被告亲族，可照刑律之规定免除其刑。免刑者，其行为本属有罪，但因为被告之亲族，法许相为容隐。故虽有罪，而得免其刑。若他人与亲族同为湮灭罪证之行为，则他人仍当治罪。盖湮灭罪证之行为，为法律所不许也。辅佐人之行为，中国实际上有之，因无诉讼法之规定，故不成为一种制度。

其四　辩护人

辩护者，刑事诉讼法上为保护被告之利益而设之制度也。凡诉讼欲保其公平，必使原被两造地位为对等。刑事

---

① 日语词，意类“监护人”。

诉讼之原告为检事，检事有法律上学识，且富于经验。而为被告者，多数无学识，无经验，甚者目不识丁。将此对彼，适如赤手向甲兵，无不败者。故现今通例，特设辩护制度，使之保护被告之利益。

诉讼有民刑行政之分，而辩护人惟刑事有之，乃专为保护刑事被告起见。因被告无学识，无经验，惮于对吏，讷于语言。倘无人为之辩护，则事理虽直，无以自明。判决不公，无从挽救，其害必中于良民。故现在东西各国，皆采用辩护人制度。

辩护者，以防御对于被告之不法或不当之攻击，为其限度。是故无摘发被告罪恶之义务，亦无曲庇被告罪恶之义务。

辩护人之权限职务，与检事不同。检事代表公益，被告有罪，检事即当提出证据，为正当之攻击；被告无罪，检事亦当提出证据，为正当之保护。故检事有攻击被告之义务，又有保护被告之义务。辩护人则专为保护被告而设，无攻击被告之义务。故辩护人即确知被告有罪，亦不得以辩护人之资格，提出不利被告之证据。然辩护人亦不得破坏法律曲庇被告，若伪造文书，藏匿被告，湮灭证据，诬告他人，其意虽出于保护被告，亦有应得之处分。盖罪名不因目的而有变更也。防御对于攻击而言，就防御之意义言，似辩护人仅居于被动之地位。然辩护人于其权限内，亦有自动之时。如要求裁判所传唤证人，搜查证据之类，皆自动，非他动也。

辩护人有三种：曰协定辩护人，曰裁定辩护人，曰法定辩护人是也。

（一）协定辩护人者，被告所选定委任之辩护人是也。

辩护制度，原为保护被告之利益而设。是故被告不论何时，且不论何人，得选任之。但其所选任者，若非辩护士，则须受裁判所之许可。

协定云者，由被告选定由裁判所许可之谓也。不论何时，即不问刑事诉讼之程度为何，皆得选任辩护人之谓。但豫审中能否选任辩护人，则学说法例不一致。日本现行刑诉法，为消极的规定，改正案适与现行法反对，然究不如现行法办法之便。盖豫审在提起公诉之后，有诉讼的性质，其搜求证据，乃公判之准备手续，以秘密为主。若令被告以外之人，参与其事，则一切证据，不免有漏泄散逸之虞。即使豫审无诉讼的性质，如中国现拟采用之办法，亦不宜听被告选任辩护人中国现拟以豫审属之检察厅，为提起公诉前之搜查处分，并无诉讼的性质，盖既非诉讼则被告无选任辩护人之必要也。

不论何人，皆可选任，故充当辩护人者，不以辩护士为限。但非辩护士而为辩护人，必须得裁判所之许可。因女子、幼者、无学识者、无经验者，如使为辩护人，于实际无益也。

（二）裁定辩护人者，于被告不自选定时，由裁判所认定其必要，而代为选定之辩护人是也。裁判所于幼者、妇女、聋者、哑者为被告而不自选定辩护人时，须代为选定之。

裁判所有无为被告选任辩护人之必要，当视被告人有无保全自己利益之能力。盖辩护制度，专为保护被告之利益而设。若被告人之能力，足以自全，即未选任辩护人，裁判所亦无庸过问。惟被告人不能保全自己利益时，则裁判所有代为选任之必要，并不以幼者、妇女、聋者、哑者为被告之时为限。例如不谙本国情形之外国人为被告时，裁判所当代为选任辩护人是也。

裁定辩护人，必以律师充之。

（三）法定辩护人者，乃法律上有选任之必要，被告如不选定，则裁判所必须代为选定之辩护人是也。日本现制上，凡重罪案件，皆如此。

重罪如应处死刑或无期徒刑之罪是，法律上为慎重民命起见，遇有重大案件，如被告无力用辩护人，则命裁判所以职权选定之。

法定辩护人，亦以律师充之。

第二节 私诉被告人

私诉指返还赃物、赔偿损害之请求而言，应为私诉之被告者如下：

请求返还赃物，或赔偿损害，皆谓之私诉。质言之，私诉者，请求因犯罪而生之债务之履行之诉讼也。债务之有无及其分量，为民法所规定。故私诉被告人，虽同时为公诉之有罪被告人，而就私诉一面观之，则与犯罪之性质全异。

凡犯罪之行为，一面有害公益，他一面又害私益。如窃盗行为，为害公益之行为，而私人财产，亦受损害是也。然亦有仅害公益之犯罪，如伪造货币，既经着手，即为侵害国家之造币权。若其所造货币尚未行使，则并无受害之一私人。故凡侵害公益之犯罪，有害及私益者，有不然者。害公益者属私[①]诉，害私益者属私诉。有私诉被

① 原文为“私”，疑为“公”字之误。

告,必先有受私益上之损害之原告。非一切犯罪,皆有私诉被告也。

无公诉私诉之区别之国,往往以有害公益之点,与有害私益之点混同。如大清律有以没收赃物或收赎银两给与被害人之例,既名赃独,理应还主,不应由国家没收。既由国家没收,则不复为被害人所有。收赎之法,即新刑律上之罚金,罚金与赔偿金,性质迥异。罚金应归国家,赔偿金应归被害者。大清律皆混而一之,公益私益,无从识别,此亦法律进步上之一大阻力也。

第一、公诉被告人。

第二、民事担当人,即未成年者或心神丧失者之监督义务者,及使用加害者之人日民法七一四条七一五条。

民事担当人有二种:(一)有监督义务者;(二)使用加害者之人。前者代未成年者、心神丧失者负责任,后者代被使用者负责任,故谓之担当人。但其担当之范围,有广狭之不同。监督义务者,对于未成年者、心神丧失者所加于人之一切损害,皆任赔偿之责,其担当之范围广。使用加害者之人,对于被使用者所加于人之损害,必在其业务范围之内,始任赔偿之责,其担当之范围狭。且民法上规定使用者赔偿后,对于被使用者有求偿权。故使用加害者之人,不过为被使用者有限责任上之代表,非如监督义务者,负担无限责任也。

第三、占有赃物者日民法一九二一九三条。

此所谓占有赃物者,乃指公诉被告人民事担当人以外之人而言。但系赃物,无论为何人所占有,被害者皆得诉求返还。然国家为保全经济界之安全起见,不能不加以限制。详第二编第二章。

第四、公诉被告人之相续者公诉被告人死亡后,须提起通常民事诉讼，不得用私诉。

公诉被告人死亡，则公诉权消灭，无相续人续为被告之理。但私诉本有民事的性质，公诉被告人虽死亡，被害者仍可提起通常民事诉讼。

私诉之提起，若在公诉继续中，而被告身死，仍可由刑事裁判所裁判，此宜注意。

第二编　诉讼之客体

第一章　公　　诉

第一节　公诉之客体

公诉以国家科刑权为其客体。国家科刑权之作用有二:(一)抽象的科刑,刑事立法权属于此。(二)具体的科刑,有罪之宣告属于此。公诉者,以具体的科刑权为其客体,以确定具体的科刑权之存否及范围为其内容也。

凡偏重家族主义之国,家长对于卑幼,可随意加以制裁,不得谓非刑法之一种。如大清律,尊长杀伤卑幼,处分最轻,是即家长有科刑权之明证虽不名为刑,而实有此权。而文明国之法律,则以科刑权为国家主权之一部。国家以外,无论何人,不得有之,称曰国家科刑权。盖非国家不能有此权也。

国家科刑权之作用有二:(一)抽象的科刑权。无论何时何地何人,有犯罪者,必科以刑,是为刑事立法权。(二)具体的科刑权。犯何罪者科何刑,罪名既定,则宣告刑罚,故有刑事诉讼制度。公诉者,乃请求确定具体的科刑权之存否及刑罚之种类与分量之办法也。

第二节 提起公诉权之发生

科刑权与起诉权即提起公诉之权不同，科刑权因犯罪而发生，起诉权因有犯罪嫌疑而发生，是故国家亦无科无辜之人以刑罚之权。惟对于嫌疑人提起公诉，虽审实为无罪，而不得以其起诉为不法。

科刑权之发生，在裁判确定之后，起诉权之发生，在未经裁判之前。

第三节 提起公诉权之消灭

提起公诉权消灭之原因，各国不同。而现今欧美日法律，大概以下列七种事宜，为其原因。

第一、被告人之死亡。

古时国家，有处罚死体之法。凡对于宗教之犯罪，及其他重大犯罪，罪人虽死，仍可提起公诉，由裁判官判定其罪而处以刑。盖有罪必罚，虽死不贷，所以示儆戒，是为威吓主义。近世法律则不然，凡未经提起公诉之犯罪，其人若已死亡，则无论其有罪之嫌疑，如何真确，亦不得起诉。盖刑罚之适用，重在诛心，而不在儆戒。其人已死，即无诛心之必要。且刑事裁判，以许被告人自由辩护为原则，既经死亡，则无从辩护。未经辩护，则不便科刑。即使刑罚之适用，以儆戒为目的，亦不得施之不能辩护之人。故被告人之死亡，为公诉权消灭之绝对的原因。

第二、告诉之取消以亲告罪为限。

亲告罪之被害者，自愿取消告诉时，公诉权当然消灭。

第三、确定裁判。

上诉期间已过，上诉方法已尽，则裁判确定，无从再诉。且诉之提起，无非以确定裁判为目的。裁判既确定，则起诉之目的已达，无庸起诉，故诉权消灭。

第四、犯罪后因改正法律，刑罚消灭。

第五、因特别法律，免除刑罚。

此与第四项情形不同。第四项因犯罪后改正刑法，旧刑法应处罚者，在新刑法上为无罪，故公诉权消灭。本项谓犯罪者应如何处罚，律有正条，并未改废，因特别法律之规定，得免除其刑。故公诉权亦消灭。特别法律，如恩赦条款之类是。

第六、大赦。

日本宪法，规定天皇有恩赦之大权。恩赦分三种：(1)大赦；(2)特赦；(3)减刑。大赦者，对于某种犯罪取消刑罚之效力之谓也。一经大赦，未起诉者不得起诉；已起诉者不得判决；已判决者不得执行。不惟免除其刑，并取消其罪。特赦者，刑之全部免除，而有罪之判决仍在。减刑者，刑之一部免除也。日本从前之所谓大赦及中国今日之大赦，乃对被赦人数之多寡而言。被赦人多，谓之大赦。被赦人少，谓之特赦，皆与本项所谓大赦意义不同。本项之大赦，指罪刑之全部消灭而言。被赦虽止一人，亦可谓之大赦。又中国惯例，皇室有吉凶之事则大赦日本从前亦然。以大赦为慈善之举，殊与刑法之宗旨不合。盖刑法所以公天下之是非,非皇室一家运用恩威之具。非刑事政策上有必不得已之事由,未可轻言大赦也。

第七、时效。

时效者,因权利义务久不确定,于社会有重大之不便,法律上特设一定期限,以确定权义之制度也。分为二种:(1)得权时效,即取得时效。(2)免责时效,即消灭时效。此二种时效,各种法律上皆适用之。惟刑事法上无得权时效,止有免责时效,如起诉权及行刑权之消灭时效是。起诉权消灭者,过一定期间不起诉则不得起诉之谓;行刑权消灭者,过一定期间不行刑则不得执行之谓。

提起公诉权之时效,应以何法规定之,各国主义不同。有规定于刑事诉讼法中者,有规定于刑法中者。日本采用第一主义,中国刑律草案,仿照近年多数立法例,采用第二主义。其条文如下:

关于公诉权时效及行刑权时效之规定,有三种主义:(1)全部规定于诉讼法;(2)以公诉时效规定于诉讼法,以行刑时效规定于刑法;(3)全部规定于刑法。第一主义之理由,以为公诉权之消灭,与刑事诉讼,有密切之关系,自应收入诉讼法。至所谓行刑权,即执行裁判之事,亦应规定于诉讼法中。第二主义,谓公诉权之时效,乃诉讼法上之关系,当规定于诉讼法;行刑权之时效,乃刑法适用上之限制,应规定于刑法。第三主义,则谓公诉权之时效,亦为适用刑法之限制,过期不能起诉,即有罪亦无从科刑。此与行刑权时效之限制刑法,同一理由,故均应规定于刑法中。以上三主义,以第三主义为优。近世多数国家,皆采用之。

第六十九条　提起公诉权自犯罪行为终了之日起算，于下列期间内不行之，则因时效消灭。

（一）该死刑罪十五年；

（二）该无期徒刑或一等有期徒刑罪十年；

（三）该二等有期徒刑罪七年；

（四）该三等有期徒刑罪三年；

（五）该四等有期徒刑罪一年；

（六）该五等有期徒刑以下之刑罪六月。

此条为公诉权消灭时效之具体的规定。各省签注，反对此条者甚多。谓该死刑罪过十五年不能起诉，则杀人者皆得逍遥法外，无此办法。殊不知刑草上另有时效中断之规定，此种重罪，断无漏网之时。

第七十条　有本刑二个以上罪之提起公诉权，据最重刑，从前条之区别，定其时效期间。

例如一人既犯死刑，又犯三等徒刑，又犯四等徒刑，其公诉时效之期间，当依死刑定之。

第七十一条　虽应加重减轻本刑者，而提起公诉权之时效期间，仍据本刑计算之。

加重，如再犯加重之类是；减轻，如宥恕减轻、未遂犯减轻、从犯减轻之类是。公诉时效，不得以加重或减轻之刑计算，仍据本刑计算。

第七十二条　提起公诉权之时效，因下列行为，中断其进行。停止其行为，则更开始其进行。

（一）搜查及豫审处分上诉讼行为

公诉时效，因搜查处分中断。例如北京犯罪人，于本年一月一日，经过搜查，逃往外国。时效即从一月一日起算，至八月九日，闻该犯人仍回北京，复往搜查，则时效中断，应从新自八月九日起算，其以前经过之期间为无效。

公诉时效，因豫审处分中断。例如在逃之某甲，于宣统元年一月一日犯罪，应处死刑，时效期间，即从犯罪之日起算。公诉[①]时效十五年。至宣统十年一月一日获案，经过豫审，旋复脱逃，则时效中断，应从新自宣统十年一月一日起算，其以前经过之期间，为无效。

（二）公判上诉讼行为

前项行为，对于共犯，有同一效力。

例如甲乙丙三人共犯，甲被搜查，则时效中断，乙丙虽未经搜查，而其所经过之期间，同归消灭豫审、公判，可以类推。

第七十三条　被告人罹精神病及其他重患，停止公判间，提起公诉权之时效，亦停止其进行。

停止与中断异。中断者，其以前所经过之期间，全部无效。停止则惟以停止原因发生后消灭前之中间期间为无效，其停止原因发生前所经过之期间，仍为有效。

---

① 原文为“不”，疑为“诉”字之误。

第二章　私　诉

第一节　私诉之客体

日本现行刑诉法第三条，限定私诉之客体，为赔偿损害及返还赃物。

该条所谓损害，非专指财产上损害而言。凡有可以赔偿之损害，皆赅括之。故名誉自由节操上之损害，亦得请求赔偿。

刑法上有赔偿名誉上损害例如无故侮辱人之规定，民法上有赔偿自由上损害例如不法监禁或逮捕之规定。

赃物，指因犯罪行为取得占有或继续占有之物件而言。惟应由官没收之物件例如贿赂之物件，不得请求返还。

其物因犯罪行为而得，故谓之赃。赃物分二种：(一)取得占有者，如强窃盗或诈欺行为所取得之物是。(二)继续占有者，如借用他人物品，伪言被火或被盗，意图继续占有者是继续占有，亦诈欺取财之一种。因诈欺而取得财物，为积极的，财物已入己手，始用诈欺，为消极的。此二种赃物，皆应还主。惟贿赂及赌博之赃，应由官没收，不得请求返还。

赃物如存在犯人占有内，虽无请求，亦应还给之被害者。如存在善意第三者占有内，则以盗品及遗失物为限，二年间，得请求其返还日民法一九三一九四条参照。

赃物为犯人占有时，虽无请求，亦应还主。各国民法，皆有此规定。惟善意第三者占有赃物时，其请求返还之期间，以若干时为限。其物品以何者为限，各国民法，规定不同。

日本改正刑事诉讼法草案第四百四十八条，泛言"因犯罪受损害者，得为回复其损害，而（中略）提起私诉。"

日本现行刑诉法，规定私诉以赔偿损害返还赃物之诉为限，其范围太狭。故改正刑诉法草案，扩张其范围。凡因罪犯受损害者，皆得提起私诉，要求回复损害。是为概括的规定，所包甚广。

据改正案所定，则赔偿损害返还赃物以外之请求回复损害，亦得以之为私诉之客体例如得依私诉请求离婚取还被掠诱和诱者。

赔偿损害，返还赃物及其他回复损害，被害者得并请求，亦得抛弃其全部或一部。盖私诉权本为被害者之私权，故被害者有处分之自由。

第二节　私诉权之发生

私诉权不因犯罪行为而发生，乃因犯罪行为之损害或赃物而发生。是故仅紊乱国家秩序及社会风俗之犯罪，不生私诉权。

犯罪行为，有一面发生科刑权，一面发生私诉权者。有仅发生科刑权，而不生私诉权者。前者如强窃盗罪是，后者如吸鸦片罪、赌博罪、小说诲淫罪、新闻秽亵罪是。（参照前编第二章第二节之说明。）

第三节　私诉之管辖

私诉以回复因犯罪所生之损害，为其客体。质言之，私诉之性质，虽为民事诉讼，而其由犯罪行为而生，与公诉无异。是故法日等国刑诉法，设附带私诉之制度。附带私诉者，即附带于公诉而得提出于刑事法庭之民事诉讼也。

附带私诉之制度，有下列三种便益：

第一、原告得援用裁判官及检事所搜集证据，为自己请求之事实的证据。

裁判官及检事，为证明犯罪事实起见，搜集种种证据，此为公诉之证据。而私诉之原告，即可援用此证据，为私诉之证据，此原告之便益也。

第二、被告得援用同一辩护方法，并辩护公诉及私诉。

两种诉讼，并用一种辩护，此为被告之便益。

第三、公诉判决与私诉判决，不致有矛盾冲突之弊。

就诉讼原则言，公诉应归刑事裁判所管辖，私诉应归民事裁判所管辖。然一事而分别管辖，实际殊多不便，两处判决，难保无矛盾冲突之处。有附带私诉办法，则裁判出于一人，前后必无歧异。此又裁判上之便益也。

附带私诉之管辖，与公诉之管辖同。是故附带私诉，有不据民事诉讼法之规定者日构成法第一四条、二六条、三七条、三八条，民诉法一〇条、二〇条、刑诉法四条参照。

据民事诉讼法之规定，凡纯粹之民事诉讼，须视金额之多寡，定裁判所之管辖。如二百元以下之诉讼，属区裁判所；二百元以上之诉讼，属地方裁判所是也。附带私诉，虽为民事诉讼，然不以金额为区别。如强盗案件公诉，属地方裁判所管辖，即一元之盗赃，亦应在地方裁判所起诉私诉。又如离婚事件，本应归区裁判所管辖，若以犯罪为原因之离婚，则不以属之区裁判所为限。故民诉法之规定，不适由于附带私诉。

附带私诉提起之时期，据日本现行刑诉法第四条，定为公诉第二审判决前；改正案第四九条，改为公诉第一审判决前许用口头起诉，其用书面者，不必贴用诉讼印纸。

第二审控诉审判决前提起私诉，实际颇多不便，故改正案改为第一审判决前判决后不得提起私诉，止能提起通常的民事诉讼于民事裁判所。提起私诉，可不用书面，即用书面，亦不必用诉讼印纸。因其为赔偿损害之请求，故许其用简便办法，以省经费。

第四节 私诉权之消灭

私诉须附带于公诉而提起于刑事裁判所依单纯民事诉讼方法者，不在此限，是故公诉权消灭，私诉权亦消灭。然以公诉权因时效而消灭之时为限，其余虽公诉权消灭，仍得提起独立民事诉讼于民事裁判所。

私诉之时效，虽被害者无能力时，及不附带于公诉提起之时，而其期间，与公诉同。若关于公诉，有刑之宣告，则据民法所定时效之例日刑诉法第九条。

私诉权之性质，本属于民事诉权，故又因私权消灭之原因而消灭。例如辨济①、更改、免除、混同等，皆得为私诉权消灭之原因。惟加害者不得以通常债权为相杀之理由。

辨济、更改、免除、混同、相杀，均详民法债权编。

① 辨济，日文为“弁済”，即债务的履行。

第三编　诉讼行为

第一章　诉讼行为通则

本章所论规则，不分豫审与公判公判亦不分第一审控诉审及上告审，均有其适用，故名曰诉讼行为通则。

各国皆以豫审属之裁判所，故称为诉讼行为。中国现拟以豫审属之检察官，以后若能实行，则中国之豫审，为诉讼之准备行为，不得称为诉讼行为。但本章所论如呼出勾引等办法，稍加变通，豫审上亦可适用。

第一节　被告人之呼出、勾引及勾留

其一　意义及效力

（甲）呼出。呼出者，裁判所及检事局所发应出头于其指定之时期及场所之命令也。裁判所如受公诉，原则上不可不呼出被告人，但以当罚金拘留或科料者为限，得许令代人出头虽不因呼出出头者，亦得为被告人行其讯问。

呼出被告，即采用直接审理主义之结果。就原则言，被告人经裁判所之呼出，必须出头。但有例外，凡关于罚金等等轻微之罪，可令代人出头，不必被告人身赴法庭。且有不经呼出而代被告出头者,裁判官为便利起见,亦可作为被告人,行其讯问。

呼出命令,不有强制力,且因此命令出头之被告人,须迅速讯问之,不得逾出头之日须于二十四时内讯问之。

被告人于指定日时,如不出头,裁判所得按其情形,或更为呼出,或命勾引日现刑诉法第七十一条,改刑诉法第二四〇条。

呼出不应,可再呼出。一再不应,可命勾引。豫审时亦适用此规定。若被告人有疾病或有其他正当理由,不能赴场时,则裁判官及豫审判事,得就被告人所在地讯问之。

(乙)勾引。勾引者,有强制力出头之命令也。被告人不应呼出命令时,即得发此命令。然有时可自初即发勾引命令,如下列情形是。

中国刑诉法草案,改勾引为拘引。勾引命令,最有强力,为传唤被告之最后手续,必被告人拒绝呼出时,始命勾引。诉讼法上所以有此顺序者,乃尊重人民之自由,是为立宪国之特色。盖立宪国家,以宪法保障人民之权利,非依法定手续,人民不受逮捕。故虽有犯罪之嫌疑,苟非拒绝呼出,即不得实施强制,此为原则。然使绝对适用此原则,则有时不能达国家刑法之目的,故有例外办法。

(1)被告人无一定住居时。居无定所,则易致逃亡,且不便于一再呼出,故须径发勾引命令。

(2)被告人有湮灭罪证之虞时。有力证据,急须保全,若先发呼出命令,则机事不密,罪证不可得矣。

(3)被告人逃亡时及有逃亡之虞时。

应处罚金拘留或科料之被告人，以有法律上特定情形时（不有一定住居时，不应呼出命令时，无故拒绝可同行于指定场所之命令时）为限，得命勾引。

罪甚轻微，非有法律上特定情形，不得侵夺其自由。

勾引命令，有强制力。被告人如仍不应，则可依腕力引致之。凡因勾引命命引致之被告人，须于四十八时间内讯问之。若逾此时间，而不发勾留命令，则裁判所不可不释放被告人。是皆所以尊重臣民之自由也。

勾引命令，有两种效力：(1)可用腕力引致被告人；(2)被引致之被告人，得羁留四十八小时，暂行讯问。或谓羁留之时间宜稍长，不当以四十八时为限。然此乃暂行讯问之办法，非于四十八时内即断结也。暂时讯问，乃讯问被告是否本人，其犯罪之嫌疑，是否属实，罪之轻重若何。倘系重罪，自应续发勾留命令。不然，即当释放。因犯轻罪者，不可以久羁也。

（丙）勾留。此指未决勾留而言，以使被告人列于讼庭为目的，由裁判所所发逮捕监禁之命令也，有强制力。

各国豫审，皆属之裁判所，故惟裁判所能发呼出勾引勾留等命令。若就中国现拟采用之制度言，则检察厅亦有发此等命令之权。

得命勾留之要件，各国不同。日本现行刑诉法，第七十五条。专对于应科禁锢以上之刑者听命之可命勾引之事由，即被告人不应呼出，不有一定住居，有泅[①]减罪证之虞，逃亡，及有逃亡

① 泅，通“湮”。

之虞。盖未决勾留，乃保全被告之方法，不必分别犯罪之重轻。凡犯罪者，有不可不置于裁判所管理内之情形时，皆可于未决中命其勾留也。

日本现行刑诉法，以犯罪嫌疑之重轻为标准。有犯重罪之嫌疑者，得命勾留，罪轻者则否。例为有人犯杀人罪之嫌疑，虽决其不至逃亡，亦当发勾留命令。若其所犯之罪甚轻，即有逃亡之虞，亦不得勾留。改正案则以有无裁判之必要，为保全被告之标准。凡有裁判之必要者，皆得发勾留命令，嫌疑之轻重，非所问也。保全即扣留之意。

何时得发勾留命令，原则上须在依呼出命令或勾引命令招致讯问被告人之后。但脱逃或现行犯之被告人，得自初即命勾留。

其二　方式

勾引勾留之方式，若专尚简便，则不足以昭慎重，与立宪国尊重臣民自由之宗旨不合。若太繁重，则办事迂缓，易失机宜，又不足以达刑法之目的。故各国刑诉法，皆斟酌二者之间，关于呼出勾引勾留，皆有一定之方式，违式者为无效。

呼出勾引勾留，除现行犯外，皆须用文书，所谓呼出状勾引状及勾留状是也。状中须记载被告事件，被告之氏名住居。裁判长及裁判所书记，俱署名盖印。除呼出状外，如被告人之住居不分明，可不记载；如其氏名不分明，则指定被告人之容貌体格及其他征表。

呼出勾引勾留，须用文书，不得以口头命令，此为刑诉法上一大原则。惟逮捕现行犯时，有不用文书之例外。因事机紧急，不暇履行方式也。文书即呼出状等，中国实际上亦有之。如查票传票提票之类是，但方式名称及发布命令之官厅，与日本不同。

不知被告之氏名时，指定其容貌体格，即日本所谓人相书，中国亦有此例。

呼出状，记载被告人应出头之日时及场所。勾引状及勾留状，记载发状之事由日改正刑诉法第五十三条。

呼出状勾引状勾留状，受诉裁判所发之，但别有下列办法：

（一）受诉裁判所，得嘱托勾引被告人于被告人所在地之豫审判事。区裁判所判事、法律上特别有裁判权者检事或司法警察官受托官吏，须发勾引状勾引被告人。其勾引状作成方式，与前述同。

法律上特别有裁判权者，如有裁判权之领事是。

（二）受诉裁判所，若不能知被告人所在地，得送致被告人之人相书[①]于检事长控诉院检事局长官嘱托其搜查及勾引检事长令管内检事发勾引状，行搜查及勾引事宜。

（三）前二项之受托官吏，如引致被告人，即于四十八时间内，调查有无人之错误。如无错误，即送致之于嘱托裁判所。

呼出状依“送达”致之于被告人，勾引状勾留状，司法警察吏执行之日刑诉法改正案第五十五条。勾引状得作成正本数通，分付之于司法警察吏同第五十六条。司法警察吏认为

---

① 人相书，指被告人的画像。

必要时，得带行勾引状于其管辖地外，酌定事之缓急，或请求执行勾引于其地司法警察官，或自直执行之，事后通知其地司法警察官同第五十七条。

执行勾引状时须示其正本于被告人，速引致之于发勾引状裁判所。执行勾留状时示其正本于被告人，速引致之于监狱。

执行勾引状勾留状时，须以正本示被告人，所以防不法之勾引或勾留，即所以尊重人民之自由。故除现行犯外：如(1)不有正本时；(2)不示正本时；(3)正本违式时。虽有勾引勾留之命令，被告人可以拒绝，为正当防卫权之一种，当必要时，即杀伤执行者，亦不为罪。日本即有此例，若不正之勾引，裁告人自愿赴场，亦无不可，但只可谓之同行，并非勾引状之效力。

对于军人军属及陆海军所属生徒，在军事厅舍或船舰内者，应执行勾引状时，须以勾引状示其所属长官队长，或其代理人，请求执行。此等人在厅舍及船舰外，现从事于勤务时，亦同日改正刑诉案第六十一条。

普通被告人，止须以正本示之，即可直接勾引。军人则不然，必须得长官之许可。惟军人为现行犯时，可先行勾引，事后通知其长官。从事勤务，如操练出征之时是。

豫审判事及受命判事，关于被告人之呼出勾引及勾留，有与裁判所同一权限。

检事或司法警察官，以急速事宜为限，于下列情形，不待裁判所或判事之勾引状，得自发勾引状，勾引被告人日改正刑诉案第七十七条。

日本司法警察官,与司法警察吏不同。司法警察官,分为三级:(一)警视;(二)警部;(三)警部补。司法警察吏,即巡查。

（一）现行犯人,不在其场所时。

在场之现行犯,不惟检事司法警察官,可以勾引,其他私人,亦可逮捕,送致官厅。不在场时,则有分别办法。若逃至远方,当俟裁判所发勾引状后,方能勾引。如距离不远,则检事及司法警察官,可直接发勾引命令。

（二）调查现行犯因发见其事件之共犯时。

发见共犯,即时逮捕,不难立获。

（三）被告人不有一定住居时。

（四）被告人在执行监视中时。

监视有普通特别之分,普通监视,为附加刑之一种。如放免囚徒于一定期限内,由警察官监视其品行是也。此制始于法兰西,欧洲各国,多采用之。日本旧刑法,亦有此规定。而按之实际,利少弊多。故日本改正刑法及中国刑事草案,均不采用。盖监视之法,不独可用之于刑余之人,即未受刑之人,亦当监视其品行,不必定为一种刑罚也。特别监视,即监视假出狱中国刑诉法草案改为暂释囚人品行之处分。

监视制度,虽不足采用,而被放免之囚徒,有犯罪之嫌疑者,自当迅速勾引。刑诉法上不可无此规定,所以防再犯也。

（五）被告人犯强窃盗或脱逃之罪者时。

（六）因检证死体,发见其被告人时。

其三　保释及责付

保释者，取保开释也。基于请求，裁判所或判事决定之。日本改正刑诉法之规定如下：

保释及责付，乃予被告人以暂时之自由，此制为中国所固有。

第七十条

受勾留之被告人，其法定代理人或夫，得为保释之请求。

保释惟勾留用之，呼出无所谓保释。勾引以四十八时为限，亦无庸保释，责付亦然。如有前项之请求，裁判所应听取检事之意见，为许否之决定。

许可保释，应使被告人其法定代理人或夫提出保证金。

保证金额，裁判所定之。

第七十一条

保释之决定，应于提出保证金后执行之。

检事因被告人之请求，得许可以有价证券或中略有资产者之保证物，代充保证金保证书，记载其金额及因命令纳付及金额之事。

责付为广义保释之一种，但责付不征保证金，惟征证书。日改刑诉之规定如下：

第七十二条　裁判所不分有无请求，听取检事意见之后，得以决定责付受勾留之被告人于其亲族或故旧。

责付之时，须使其亲族或故旧，提出应于呼出不问何时使被告人出庭之证书。

裁判所听取检事意见之后，不问何时，得以决定取消保释或责付。

裁判所如察知被告人有脱逃或湮灭证据之虞，及其他认为必要时，皆得取消保释或责付。所谓认为必要者，如被告关系事件，甚为复杂，日须讯问数次，若由其亲族故旧①，呼出赴场，辗转稽延，殊多不便，不如勾留于裁判所为当。

保释中，被告人若逃亡，或犯该处禁锢以上刑之罪，或受呼出而无故不出庭，应取消保释时，裁判所听取检事意见之后，应没收保证金全部或一部日改刑诉法第七三条，余还付之同第七十四条。

保释中被告人逃亡，与囚禁后逃亡者不同，不得科以逃亡之罪。盖裁判所必认定被告人不至逃亡，始准保释，既保释，复逃亡，乃裁判所之认定为不当，故予被告人以逃亡之机会，非被告人之罪也。

其四　现行犯人之勾引及逮捕

现行犯，指实施行为中或实施行为后即时发觉之犯罪而言。所谓"实施"，含有一切犯罪行为，不区别实行着手豫备及阴谋也。"实施后即时"者，距实施之时间不远，犯罪痕迹未消散之谓也。

阴谋豫备着手实行，皆谓之实施。有一于此，即为犯罪。实施行为中及实施后发觉之犯罪，皆为现行犯。但实施后之现行犯，以实施后即时发觉者为限。非即时发觉，即不得认为现行犯。关于现行犯与非现行犯之勾引逮捕，有缓急之不同，诉讼法上大有区别，此

---

① 原文为"书"，疑为"旧"字之误。

用法者所宜注意也。至何种情形，为实施后即时发觉，须具备二个要件：(1)距实施之时间不远；(2)犯罪痕迹未消灭。就被害者言，如被杀之尸，尚在场所；被火之处，余烬犹存；被盗之家，衣物狼籍。就加害者言，杀人之际，或自取伤；杀人之后，衣有血痕；窃物出门，赃犹在手。此皆距实施之时间不远，犯罪痕迹未消灭者也。发觉云者，由该管吏员或一私人辨识之犯罪事实或犯罪嫌疑人之谓或者，不定之词。盖犯罪事实，最易发觉，至何人有犯罪嫌疑，则不易知也。刑诉法上所谓发觉，与刑法上之发觉，意义不同，语详刑法自首篇。

有下列情形者，准之于现行犯。实施行为中及实施后即时发觉之犯罪，皆为纯粹现行犯。有非现行犯而准用现行犯之办法者，曰准现行犯。日本刑诉法上，有具体的规定，非有法定情形，不得作为准现行犯。

(1) 所持凶器赃物，或可疑为犯罪之物件时。

持刀过市者，有寻仇之状态，可疑为凶器。身无完衣者，背负华美之包裹，可疑为赃物。

黑夜携带引火物，可疑为奸盗放火。如日本巷贼，另有专门器具，凡带有此种器具者，可料知其能作贼。

(2) 被诘问而逃走时。

偶遭诘问，即行逃走，既畏人知，必是犯罪。

(3) 为犯人自他被追呼时。

一人疾走，追者在后，其为犯人无疑。

(4) 身体被服有犯罪之显著痕迹，可以思料为犯人时。

检事、司法警察官或司法警察吏值执行职务时，如知有现行犯准现行犯亦然，下仿此、被告人在其场所，有可以命勾引之事由，应为下列处分。

（1）检事应不发勾引状，令司法警察官或司法警察吏，勾引被告人。但有必要时，得自身勾引之。

（2）司法警察官，应不发勾引状，直勾引被告人，或令司法警察吏勾引之。

（3）司法警察吏，应不待勾引状或命令，直勾引被告人，交付之于司法警察官。

现行犯者，虽非检事司法警察官及司法警察吏，亦得就其所在场所逮捕之之被告人也。其逮捕被告人者，须速交付之于地方裁判所或区裁判所检事或司法警察官或司法警察吏，不得擅监禁之于私家参照日本改正刑诉法第八一条，第八五条第八六条。

现行犯，私人亦可逮捕，且不以受害之一私人为限，无论何人，皆可逮捕。故逮捕现行犯之权，官吏及私人皆有之。但官吏之逮捕，为其固有之职权职务，私人则无逮捕现行犯之义务。故法文上对于检事司法警察官司法警察吏，曰应逮捕；对于私人，曰得逮捕。应者，非逮捕不可之谓；得者，两可之词，非必须逮捕也。大清现行律及欧洲日本古时刑法，皆有“知人谋反大逆而不首告者治罪”之例，是强令私人负担官吏之义务，则官吏为冗[1]设矣。现在各国检事及警察发达，无采用此种制度者。

---

① 原文为“宂”，疑为“冗”之误。

第二节 被告人之讯问

凡对于被告人，不分豫审与公判，须先讯问可以发见有无人之错误之事宜。不然，则半途发见有人之错误时，既往之讯问，皆归徒劳矣日改正刑诉法第八七条。

讯问氏名、住所、职业、年龄等，即可发见被告有无人之错误。

知无人之错误之后，须告以被告事件。关于该事件，问其有无欲陈述之意见，且须与以申述有利自己之事实之机会日改刑诉第八八条。

使被告陈述意见，且与以申述之机会，此为辩论之准备，非辩论也。

关于被告事件，被告人陈述之事宜，不分犯罪之自白与其他，均属于证据之部类。是故被告虽无自白，而裁判官可依他证据罚之。虽有自白，而裁判官认为不实时，可宣告无罪。其得自由取舍被告人之陈述，固与他种证据无异也。

凡裁判案件，裁判官不可不听被告之陈述，然必不为被告之陈述所拘束。

讯问被告人于豫审，则担任其事件之豫审判事，自身实施之。于公判，则公判判事于合议裁判所则裁判长自身实施之。除法律上特许其嘱托讯问之时日改刑诉第九三条外，必不可不亲自讯问直接审理。使书记记录被告之陈述，裁判官据其记录，直与以判决，此为欧美各国及日本诉讼法所严禁。

日本改正刑诉法第九十三条:“豫审判事,得以豫审事件,嘱托同一资格之判事。”盖豫审不过搜查证据,并非实行审判,故法律特许其嘱托他人。

判事如讯问被告,须使裁判所书记立会会同,检事及司法警察官讯问时则不然。盖检事司法警察官讯问后,更须由判事讯问,始能定罪,故不必用郑重之手续。

讯问被告人,不须用恐吓及诈言日改刑诉第九十条,况殴打拷责乎?倘用恐吓及诈言,案其情节,得加以惩戒处分。

讯问被告人,原则上须隔别之。惟为发见事实而认为必要时,得与他被告人或证人对质。被告人聋时,问以书面;哑时,使答以书面。

第三节　证据之搜集及调查

其一　通则

凡诉讼之断案,不可不据事实之认定。事实之认定,不可不据关于人或物之证据。据欧美各国及日本现行诉讼法所规定,凡裁判官自身所得关于犯罪事件之见闻不依程式规则,仅为一个人之见闻,皆不得以之为断案之根据。不然,则裁判官之资格,与证人之资格混同,别无监查判别裁判官所主张之当否之人,断案之公平,不可得而望也。

可为证据之物或人,谓之证据资料日本通常谓之证据方法。证据物件,证据书类,被告人证人鉴定人等属于此。

证据者，关于事实，所以惹起裁判官之心证之原因也。证据物件之状态，证据书类之内容，被告人之供述，证人之证言，鉴定人之鉴定等属于此。

关于事实，因证据之作用所得之确信，名曰心证，即断案之根据。由基于证据之主观的确信而成立，至客观确信，法理上不以为必要。

主观的确信，为裁判官之确信，客观的确信，即被告人与一般人皆以为真实。人之意见，各有不同，万难一致。就法理言，只须有主观的确信，即可为裁判之根据。若必要一般人皆信以为真，则裁判之道穷矣。

利用证据资料，鉴索证据之行为，名曰举证。于民事诉讼，举证之责任，即在当事者。于刑事诉讼，即在裁判所。

民事诉讼，裁判官就当事者所陈述之范围内，调查证据，当事者所未提出之证据，概置不问。刑事诉讼，裁判官须以职权调查证据。盖民事之裁判，为当事者之利益；刑事之裁判，为国家之利益，故举证责任之所在不同。

为得心证，而裁判官须直接调查证据资料，鉴索其证据。直接审理。为使裁判官直接调查可以为证据之物及人，诉讼法上特设检证、差押、搜索关于物行之、阅读关于书类行之、讯问关于人行之等办法。

其二　检证差押及搜索之意义及办法

（甲）意义

检证有广狭二义，广义检证者，指实验一切证据物而言；狭义检证者，专指临检犯所及其他场所而言。刑诉法上检证，通常为狭义即临检。临检者，亲赴犯所及其他发见事实上必要之处实验证据物之谓也如认为必要时，发掘坟墓，解剖死体等，亦为法律所准。

差押者，为保全证据物件，或为执行物件之没收，用强制力自他人移转目的物之所持于裁判所之谓也。凡证据物件及可以没收之物件，如所持人不拒绝提出，则止可领置日改刑诉第九十条。不必定为差押。若所持人拒绝提出，则不得不实施强制。故诉讼法上，有关于差押之规则。

差押有两种办法：(1)移转目的物之所持，不必移转目的物。此为不动产之差押。如裁判所查封某甲家屋，或施封印于某乙仓库，其家屋及仓库之所在，虽无①变动，而其目的物之所持，已移转于裁判所。(2)移转目的物之所持，即移转目的物。此为动产之差押。凡动产之可为证据者，必须移置裁判所，否则易致散失。

差押及领置，均为移转目的物之所持。但领置不用强制力，与差押不同。

泛言差押，不必区别其物件为动产或不动产。然刑诉法上通例，关于动产，可以适用差押，关于不动产，大概用检证之法。

不动产用检证，即可达其调查证据之目的，毋庸差押，非谓差押不可行之不动产也。

凡立宪国，极尊重邮便物信书及其他及电报，不准轻易差

① 原文为“虽然”，疑为“虽无”之误。

押之。惟刑诉上认为必要时,特设明文,准其差押日改刑诉第九六条。

搜索者,刑诉上为发见证据物件、可以没收之物件或被告人所适用之强制处分也。不仅被告人之身体物件或住居可以搜索,即其他处所,而以发见证据上认为必要时为限,亦得实施搜索处分。

搜索处分,为发见证据物没收物及被告人之应急手段。对于被告人,可实行身体搜索家宅搜索,其他处所,亦可搜索。但立宪国尊重人民之自由,非有法律上根据,不得任意搜索人之身体及家屋。故刑事上之搜索,必须有刑诉法上之规定。

(乙)办法

检证差押及搜索,均属于裁判所应实施之行为。但裁判所得临时命其部员或嘱托豫审判事、区裁判所判事及特有裁判权者例如陆海军理事,或在外领事等,且以差押及搜索为限,得命之于司法警察官日改刑诉一〇一条至一〇五条。

检证差押领置及搜索,当其实施时,必须使书记立会。会同。

中国刑诉法草案,拟改立会为会同。然会同有平等意,书记与裁判官,非立于同等之地位,不如改为到场或临场为妥。

检事及司法警察官,以刑诉法所特定急速事件为限,亦有实施检证差押及搜索之职权日商①刑诉第一一九条至一二

① 原文为"商",疑为"改"之误。

五条。

中国如以豫审事务，属之检察厅，则以豫审为限，检事亦有实施检证差押搜索之权。

检证差押及搜索处分，为搜集证据且确定有无犯罪之必要手段。然亦不应因此侵害公务或业务之秘密，或滥加损害于人民之权利，此刑诉法上，所以有下列之限制也。

实施检证差押搜索，一面须达搜集证据之目的，一面须尊重人民之权利。必斟酌二者之间，详定规则，方无流弊。日本改正刑诉法草案，扩张检证差押搜索之范围，又加以一定之限制，所谓折衷主义是也。折衷主义，为刑诉法上一大原则。

(1) 军事上秘密之处所，非有长官或其代理人之承诺，不得实施检证差押及搜索日改刑诉第九九条。

本项为搜查特别地方之限制，例如炮台为军事上秘密处所，非得长官许可，不得实施搜索是也。

(2) 吏员或曾为吏员者之保管品或所持品，如系职务上须加秘密之物件时，则非有其监督者之承诺，不得实施差押或领置日改刑诉第一百条一项。

本项为搜查特别物件之限制，例如外交官或曾为外交官者所保管及所持之交涉秘约笔记等，为秘密物件。非有监督者承诺，不得搜索是也。

(3) 医师、药剂师、药种商、产婆、辩护士、辩护人、公证人、神官、僧侣或曾有此职者之所持品，如系业务上须加秘密之物件，以有本人之承诺时为限，得差押之日改刑诉第一百条二三项。

本项为搜查特别之人之限制，刑法上规定，医师等因其执业，得知他人秘密，而无故泄漏者，治罪。刑法既有此规定，故刑诉法上关于他人秘密物件，亦免其为证言之义务。其执业上应秘物件，亦免其差押。

(4) 日出前及日没后，原则上不得入人之住居邸宅建造物或船舶等。

本项为搜查时间上之限制，但有下列例外：

(一) 户主保管者或其代理人承诺时，不论何时，得入此等处所，实施检证差押及搜索。

(二) 旅店酒楼及其他类此之处所，以公开时间为限，不论何时得入之日改刑诉第一〇六条以下。

(5) 于有住居人或有看守人之邸宅建造物或船舶，实施检证差押搜索者，须会同户主或保管者。如户主或保管者不在，则须会同家族、雇人、同居人、邻佑或市町村吏员。但不得以未成年者及有精神障碍者为会同者日改刑诉第一〇八条。

于官署、公署、军事用厅舍或船舰内实施检证差押领置搜索，须会同其长或可以代此者日改刑诉第一〇八条。

(6) 检事、被告人及辩护人，得会同实施检证差押搜索。但被勾留之被告人，不在此限日改刑诉第一〇九条。

检事被告人等，得会同实施各种处分，有二便：(一)得辨别搜查是否合法；(二)得辨别将来裁判，是否与搜查情形相合。

(7) 实施差押或领置时，须交付记载品目调书或目录之拔萃或誊本于所有者、保管者或可以代此者日改刑诉第一一四条。

差押领置之物品，如裁判上不应没收，被差押领置者，可凭物品目录，领回原物。

(8) 实施检证差押领置搜索，须会同裁判所书记。

(9) 检事及司法警察官，以有下列情形且未提起公诉时为限，得自身实施检证差押搜索，或命令嘱托此等处分于他检事或司法警察官。

第一，有得自身发勾引状及命令勾引被告人之情形时日改刑诉第七七条；

第二，执行职务中，觉知有现行犯且被告人在于其场所时日改刑诉第七八条；

第三，勾引或受付被告人时日改刑诉第八一条及八三条。

若于既提起公诉后，实施检证差押及搜索，则不可不据裁判官之命令日改刑诉第一一九条。

(10) 于有住居人或有看守人之邸宅建造物或船舶，如有现行犯准现行犯不在此例，必要急速处分时，检事或司法警察官，不论何时，得进入其场所，实施检证差押或搜索。

其现行犯，如系该当禁锢以上者，得不待有会同者，进入前项所云场所搜索之。且司法警察吏，亦有此权日改刑诉一二〇条及一二一条。

应处禁锢以上刑现行犯之被告人，为检事司法警察官或司法警察吏所追行，逃入前项所述场所时，亦同。

(11) 有变死人[1],或可以思料为变死之死体时,管辖其所在地之区裁判所检事,须检视之。若因之发见有犯罪,且系必要急速处分者,得直行检证日改刑诉第一二四条。

其三 证人及证言

(甲) 证人之意义

证人者,依诉讼法所定方式将诉讼外之过去见闻对于裁判官之讯问而为供述之诉外人也。

与诉讼有关系之人,不能为证人,其言亦非证言。必诉外之人,始得为证人。诉外之言,始得为证言。兹分四段说明如下:

(一) 诉讼法关于有无为证人之能力及出头宣誓询问等事宜。设有一定方式。如不履践方式,则诉讼法上所谓证人不存在是也。

证人之供述,有证据之效力(但裁判官之采用与否,可以自由)。惟不遵诉讼法所定方式者,为无效之证言。

(二) 证人之供述,必系诉讼外之见闻,如系供述诉讼进行中所得见闻,则不成为证人之证言。且其见闻,须系关于过去之事实,如于裁判官面前供述现在之事实,或吐露现在及将来之意见,亦不成为证人之证言。

吐露现在及将来之意见,可作为鉴定人之言,不成为证言。盖惟鉴定人可不待裁判官之讯问而发表意见也。

(三) 证人者,原则上对于裁判官应为供述者也。若检事及司法警察官得讯问证人,自属于例外检事等得讯问证人之情形,即前述检证差押搜索办法第九项之情形。日改刑诉第一五〇条。

---

① 变死人,日语词汇,指自杀、他杀、因事故死亡等非正常死亡,同等于中文的"横死"。

检事及司法警察官，以实施检证差押搜索之时为限，得讯问证人，此为例外。中国若以豫审属检察厅，则除此例外外，检察官尚有可以讯问证人之时。

（四）证人须非诉讼当事者，如以判事、原告或被告、或被告之辅佐人、代理人、辩护人等为证人，则真实之证言，不可得矣，但此等人倘脱离诉讼关系，而以一个人之资格，供述过去之见闻，则亦可以为证人。

原被告辅佐人等，为有利害关系之人，判事为审判案件之人，故皆不能为证人。但辅佐人、代理人、辩护人，脱离其辅佐代理辩护之资格时，仍可为证人。

（乙）为证人之能力及义务

古昔诉讼法，有认一定之人，为无诉讼能力，不许其为证人之例。近世则不然，无论何人，皆有为证人之能力及义务。

古时认为无证人能力者，如奴隶、妇女及准死之人是。准死之人，乃受法律上一定之制裁，不齿于人类者。近世法律进步，无绝对认自然人为无证人能力之例。

证人者，在原则上，有出头宣誓及供述之义务。但诉讼法分别情形，或唯令负担宣誓及供述之义务，而免出头之义务；或令出头宣誓，而免供述，或令出头供述，而免宣誓。

（丙）出头之义务

凡为证人而受呼出者，原则上不论何人，不得不赴其裁判所及命赴之所，但有下列例外：

（一）皇族虽为证人，而无赴裁判所之义务，裁判官须赴其所在讯问之，但皇族不得拒绝宣誓及供述。

（二）国务大臣总理大臣及各省大臣，唯有赴其官厅所在地之裁判所之义务，如滞在于其以外之地，唯赴滞在地之裁判所，而无赴他地方之裁判所之义务。

国务大臣，为一国政治上最有关系之人，不可轻离职守。例如日本各省官厅，均在东京，各省大臣为证人时，止赴东京裁判所，不能令赴西京裁判所。若该大臣旅行至西京时，亦止可在西京裁判所出头，不能令至他处。

（三）国会议员，于议会开会期中，如滞在于国会所在地，唯赴其地之裁判所。

（四）因疾病及其他事故，有不能登厅之正当理由者。

除上述限制外，依一定方式即呼出状之送达，日改刑诉第一三一条，受呼出之证人，如不赴该裁判所或其指定之场所者，裁判所得更呼出之，或勾引之，或科一定过料及赔偿，或并科此等制裁日改刑诉第一三二至一三五条。

一定方式，即呼出状之送达。呼出状须由执达吏或警察吏送达，不许邮递。若不依此办法，证人可不出头。虽不出头，亦不能加以何等制裁。故方式之合否，与证人义务之有无及制裁之有无，大有关系。

（丁）宣誓之义务

证人登厅，裁判官先讯问有无人之错误，次令之宣誓。

宣誓之方式，各国不同。以日本之例言之，裁判官先告证人以宣誓之效果宣誓之效果者，无故拒绝宣誓及宣誓而拒绝证言，法律上科以一定制裁之谓也。次由裁判所书记朗读宣誓书，使证人听取，署名盖印。

外国宣誓方式，当宣誓时，裁判官证人及旁听人均起立。先由裁判官演说大意，次令证人宣誓，即敬告神明誓不为伪言之意。日本宣誓方式，仅由裁判官告证人以宣誓之效果，其他在庭之人，可不起立。

宣誓书，须记载不默秘何事不附加何事之誓词。

本有之事，不能言无；本无之事，不能言有，是为不默秘，不附加。

凡为证人而登厅，原则上皆不可不宣誓。惟例外上有不有宣誓之义务者，如下：

（一）未满十五岁者；

（二）因精神障碍，不能了解宣誓之本旨及效果者日改刑诉第一四条；

（三）得拒绝证言者但不拒绝证言时，即不可不宣誓。日改刑诉一三六条。

无故拒绝宣誓之制裁，各国不一，但大概科以财产的制裁。

财产的制裁即罚金。

（戊）供述之义务

凡为证人者，不分有无登厅之义务，亦不论有无宣誓之义务，原则上皆有对于裁判官之讯问供述证言之义务。但例外上有得拒绝证言者，如下列：

（一）被告人之亲族，但亲族关系断绝后亦同。

明为亲族，义许容隐。虽有供述，亦不足凭。即亲族关系断绝，亦不可令供述。日本所谓亲族，以六等亲为限。

（二）与被告人有为后见人监督后见人或保佐人之关系者。

与被告有密切关系者，不能为真实之证言，故免供述。

（三）官吏、公吏及曾有官吏公吏之地位者，关于其职务上秘密事宜，得拒绝证言。但其监督者许可供述时，不在此限日改刑诉第一二七条。

此基于职务得拒绝证言者，现为官吏者不待言。如曾为外交官或海陆军官，关于外交上或军事上之秘密事宜，亦得拒绝证言。

（四）医师、药剂师、药种商、产婆、辩护士、辩护人、公证人及曾有此等职者，因其业务上受委托所得知事实，如系应为秘密者时。

此基于业务得拒绝证言者。此种业务，与其他业务不同。先须有官厅之特别许可必经官厅试验，始能营业，且于社会上有特别关系。若不能守秘密，则不便有二：（一）失同业之信用；（二）社会上必彼此相戒，不复以秘密之事相委托。故法律上许其不为证言，然有限制。其得守秘密之时，以关于业务上受委托所得知之事为限。例如甲医为乙诊察病症，知为丑病花柳病时，即当代守秘密。若诊病时，见债权者丙与债务者乙争论债务，以致提起诉讼，则甲医仍有供述证言之义务，以非其业务上受委托所得知之事也。

（五）有宗教上或祀祷之职者及曾有此等职者，因其业务上受委托所得知事实，如系应为秘密者时。

宗教家为人祈祷，能知人秘密之事。例如日本丧家，延僧唪经，告以死者平生行事，求为死者造福，谓之 Confession 忏悔。中国亦有此俗。佛教道教耶稣教之徒，皆为人祈祷。不良之人，辄求教士代为忏悔。平生劣迹，尽以相告。故法律上许宗教家为人忏悔者，不负供述证言之义务，以保障其业务上之秘密。

（六）证人之陈述，对于下列情形，有招刑事诉追之虞时。

（1）证人自见

谓证人因陈述发见自己为犯人。

（2）证人之亲族，但亲族关系断绝后亦同。

谓证人因陈述发见亲族为犯人。

（3）证人之后见人监督后见人或保佐人。

谓证人因陈述发见后见人等为犯人。

证人之陈述，若有以上所列情形，得拒绝证言。盖证人自身及亲族、后见人等有犯罪之嫌疑时，证人必不忍自实其罪。若强令供述，未免与以难堪。且证人之所以存在，乃使证明他人犯罪之有无，与犯人之自白不同。若证人及亲族、后见人等实系有罪，另使其他证人证之可也，断无使证人自证之理。

此等得拒绝证言者，欲拒绝之时，通例须疏明其事由，或为宣誓。如不能疏明其事由或不肯宣誓，则裁判所弃却拒绝证言之申立即声明。日改刑诉第一二七至一三〇条。

（己）讯问证人之办法

呼出。欲呼出招致之谓证人。须发呼出状，依送达之方式,致之本人或其代办人。

制裁。既受呼出之证人,若无正当事由而不出头,裁判所听取检事意见之后,得用决定之方式,科以一定财产的制裁,且命以因不参所生费用之赔偿。

听取检事之意见,即咨询检事之意,非与检事合议也。裁判官对于检事之意见,有自由取舍之权,但不得不咨询之。不参,即不出头之谓。证人不出头,则诉讼延长,费用增加,证人有赔偿之责。

对于此决定三日内得提起抗告,且抗告期间内及有抗告时停止执行决定日改刑诉第一三三条。

对于不应呼出之证人,得更发呼出状,或新发勾引状。

呼出状及勾引状。证人之呼出状,记载:(1)证人之姓名住址;(2)呼出之事由;(3)应出头之日时及场所;(4)如不出头,科以财产的制裁,且或有命勾引之字样;(5)裁判长及裁判所书记,均署名盖印。

于送达呼出状及出头之间,至少须有二十四时之犹豫。但急速事宜,不在此限日改刑诉第一三四条。

非有急速事宜,而令证人即刻出头,则害证人之私益不少,故通常予以二十四时之犹豫,急速事宜不数见。

讯问。最初讯问有无人之错误,次命以宣誓但得拒证言及无宣誓义务者不在此限。

证人如为被告人之亲族,或曾为亲族,或为被告人之后见人、监督后见人、保佐人时,裁判官先于讯问事实之前,须告以得拒绝证言之事日改刑诉第一三七条。

应拒绝而不拒绝者听。

于同一被告事件，如有数证人出头，得同时使之宣誓。

宣誓有格式纸，止须证人署名宣读。如有数证人，则于同一格式纸上，连名宣誓。

裁判所认为必要时，得于裁判所外，呼出证人，于证人所在讯问之。

无故拒绝宣誓，或既为宣誓，而拒绝证言，裁判所听取检事意见之后，得用决定之方式，科以一定财产的制裁。此决定之抗告期间为三日。抗告期间内及有抗告时，停止执行决定日改刑诉第一四五及一四六条。

裁判所认为必要时，得用决定之方式，命证人同行，赴指定之场所。证人如无故拒绝同行，亦科以一定制裁。

于裁判所外之讯问证人，得命之于其部员，或嘱托之于豫审判事，区裁判所判事，或法律上特有裁判权者。而其豫审判事、受命判事及受托判事讯问证人上，有与裁判所同一权限。

检事及司法警察官，于与自身得实施检证、差押及搜索同一情形之时，亦同讯问证人，及命令或嘱托之于他检事或司法警察官日改刑诉第一五〇条。

检事及司法警察官，得讯问证人及命令或嘱托，以紧急事宜为限，非与判事有同一之权限也。但中国新法例，拟以豫审属之检事，检事行豫审时，豫审判事所有权限，检事皆得有之。此种立法例，实较法日等国为优，其理由详本编第二章。

旅费及日当。证人出头，得请求法定旅费及日当。

旅费及日当，均有一定限制。日当即每日用费，日本例，日给洋五角，为数甚少。

其四　鉴定及通译

（甲）鉴定之意义

鉴定者，诉外人实验裁判所依诉讼法所指定诉讼中之事实，对于此所与供述之谓。其意如下：

（一）鉴定者，诉外人之供述也。故裁判官之意见，以及原告被告辩护人辅佐人等诉讼关系人之意见，皆不得为鉴定。

（二）鉴定须关于裁判所依诉讼法所指定之事实，故虽系裁判所所指定事实，且命其鉴定，若不履行诉讼法所定方式，则仍属无效。此与证言之不履行方式以致无效者相同。

（三）鉴定者，实验诉讼中之事实，对于此所与供述也，此乃区别鉴定与证言之要点。盖鉴定人者，实验诉讼中之事实，而供述现在之意见，证人则关于诉讼前之事实，而供述过去之见闻者也。

鉴定与证言不同，例如现有一刀，上有血痕，此血痕系人血，抑系兽血，须问之鉴定人。至此刀是否为犯罪嫌疑人之所持，有无杀人之事，则须问之证人。故鉴定人之所述，必为现在之意见，证人之所述，必系过去之见闻。

（乙）为鉴定人之能力及义务

为鉴定人之能力，法律上亦无特别限制，然与证人有异，须命于学术技艺或职业有经验之人充之。盖鉴定之性质上，当然如此。

凡于本案有所见闻者，皆得为证人，故证人不必有特别智识。鉴定人则不然，必有学识之人，始能为之。例如辨识刀上血痕，是否兽血，非精于医学者不能。辨识货币是否伪造，非识于铸金术者不能。裁判官虽有法律上知识，未必兼通各种学术，故不能不借助于鉴定人，以为裁判之材料。鉴定人于裁判上，能为种种补助，而法医学者之补助力尤多。

如考察被告人，有无精神病；产妇身死，是否在分娩之后；有金刃伤之尸骸，是否自杀，非法医学者，不能知之。

鉴定人之有出头宣誓及鉴定之义务，且关于此有一定限制，大概与证人之义务及限制无所异。但鉴定人虽不赴场，而通例不得勾引之也日改刑诉第一六一条。

(丙) 关于鉴定人之办法

呼出及呼出状。呼出鉴定人，须送达呼出状。呼出状记载：(1)鉴定人之姓名住址；(2)命鉴定之事宜；(3)应赴之日时及场所；(4)如无故不赴场，科一定财产的制裁；(5)裁判长及裁判所书记，署书[①]名盖印。

鉴定人赴场，裁判官最初讯问有无人之错误，次命宣誓，更指定应鉴定之事宜。而鉴定之效力及结果，令用书面或口头报告之日改刑诉第一五四条。

鉴定上有必要时，裁判所得交付鉴定所要之物于鉴定

① 原文此处疑衍“书”字。

人,使于裁判所外鉴定之。

如已死尸体,是否被毒,须用解剖术验之,裁判所无解剖之器具;又或鉴定时须用化学器具,亦为裁判所所无,故使鉴定人于裁判所外行之。

为实施被告人之精神或身体上之鉴定,若有必要之时,裁判所得命于一定期间内,留置被[①]告人于病院及其他适当场所日改刑诉第一五五条。

适当场所,如未决拘留监,及鉴定人之住所,有能容留被告人之处皆是。留置被告人,必须诉讼法上,有明文规定。非有法律上明文,不得妨害人之自由,此宪法所规定也。鉴定须有一定期间,期间之短长,视鉴定之难易。例如考察被告人之精神病,是否属实,必非一二日所能鉴定,故常有经年累月始得其实情者。上年日本长崎有杀人犯,裁判所认为有精神病,依法判决。后经检事局聘榊医精神病学之专家,榊系日本字,神庙夹木谓之榊。与日人力车为俥同例考察至一年之久,始知该犯佯狂,非真病也。

鉴定人经裁判所之许可,得阅读书类及证据物,或会同讯问被告人及证人,且鉴定人得请求讯问此等人,经裁判所许可后,即由鉴定人直接讯问。

裁判所得增加鉴定人,或使他人从事鉴定。检事及辩护人,得会同鉴定。

除以上各款外,关于鉴定,通例准用关于证言之规定。

---

① 原文为"彼",疑为"被"之误。

（丁）通译

被告人、证人、鉴定人、不通国语及聋者、哑者、不知文字者，使通事翻译其言语，及疏通其意思。中国幅员最广，即本国中亦有言语不通之处。故法院编制法规定当事者不通裁判官之语言时，得用通译。至关系外国人之诉讼，尤以通译为必要。通商口岸裁判所，当常设通译一员。内地裁判所，涉外案件较少，虽不必常设通译，然亦有需用通译之时，当使一般能译者，负通译之义务。

通译者，其性质属于补助裁判官之人，不属于证据材料，而通例准用关于鉴定人之规定日改刑诉第一六一条。

证言鉴定及通译，皆属应尽之义务。盖裁判官人数有限，知识有限，不足以驭无穷之事物，势不得不借助于一般之人。故证人等所负之义务，与国民负纳税当兵之义务同。此各立宪国之通例也。中国事属创始，一般人之观念，或不愿负担此义务，必须加以强制。但证人鉴定人及通事，止负证言鉴定通译之义务，并非有何等苛重之义务。而诉讼法不完备之国，裁判所待遇证人等，与待被告人无异，是使无辜受累，其不愿尽此义务固宜。此中国立法上所当注意者也。

第四节　书类之调制及送达

其一　书类之调制

调制者。凡关于诉讼之各种书类，除有特别规定例如裁判原本等外，应由裁判所书记调制之。书类有调书、裁判原本、裁判书、判决书及其他一般书类之别。

此等书类，与中国何种文书相当，尚未得其比例，惟调书颇与中国录供书谳牍相近。

（1）调书之种类及应记事宜。调书有讯问等调书、检证等调书、公判调书等之分，其应记事宜各不同。

（甲）讯问等调书。凡讯问被告人证人时不分豫审与公判。及命鉴定通译时，不可不作成调书，而记载其经过。讯问被告人调书，讯问证人调书，鉴定调书及通译调书，其应记之事宜如下：

（一）被告人、证人、鉴定人或通事之陈述。

（二）证人、鉴定人或通事为宣誓之事实。但若不宣誓，则举其不为宣誓之事由。

此等调书，须由裁判所书记朗读，使陈述者听取，推问有无记载事实之错误。陈述者若声明其记载变更则记载其声明于调书，再行朗读，且推问有无记载事实之错误。调书告成，处分者即讯问者，命令鉴定或通译者、裁判所书记及陈述者，皆署名盖印。

（乙）检证等调书。实施检证、差押、领置或搜索，须作成调书，而记载其处分之手续次序经过办法等、日时及其他必要事宜。

实施差押或领置，须记载其品目于调书，或作成物品目录，而添附之于调书。处分者，裁判所书记及如有会同者，俱署名盖印。

处分者作成调书之情形。实施上述各种处分，以会同裁判所书记为原则。如不会同书记，即实施此等处分，则不可不自身作成调书，且实施朗读订正等行为。

检事或司法警察官，俱能作成调书，不必会同裁判所书记。

（丙）公判调书。公判调书，除应记载讯问调书应记事宜甲第一款及第二款外，并须记载下列事宜日改刑诉第一七五条：

（一）为公判之裁判所、年月日及裁判长、陪席判事、检事、裁判所书记之官氏名，并被告人、辩护人、补佐人、通事之氏名。

（二）如禁公开辩论，则记载其决定及理由。

（三）诉讼之要旨。

（四）公判中如有口头起诉，关于其起诉之检事之陈述。

公判中往往有附带诉讼，临时起诉，须记载检事之陈述。

（五）证据物及所朗读之书类。

（六）于公判庭所为之差押或领置。

（七）辩论中当事者辩护人或辅佐人所为之请求及其裁判。

（八）当事者辩护人或辅佐人请求记载于调书中，且裁判长所听许之事宜，及裁判长命记载之事宜。

（九）使被告人陈述于辩论最终之事。

凡审理案件，先问被告有无人之错误，次问检事起诉之理由，次调查证据，次令被告人与检事互相驳辩①，但最终辩论，必属之被告，谓之最终辩论权。

（十）判决之宣告。

公判调书，不以其朗读订正及关系者全体之署名盖印为必要。以关于各种调书，必履行此等办法故也。

公判调书，仅备查考，并无其他之利害关系。

公判之诉讼办法，专依公判调书，证明其当否日改刑诉第一七七条。

---

① 原文为“辨”，疑为“辩”字之误。

例如诉讼事件，已至第二审，而被告人主张受第一审判决时，不曾取得最终辩论权，其判决为无效。第二审裁判所，当调查公判调书所记关于第九项被告人陈述于辩论最终之事之事宜，以证明被告主张之当否。

公判调书自宣告判决之日起算，须于五日内整理之，裁判长检阅之，且署名盖印。如有意见，亦记载之。裁判长有事故，不能履行此办法时，则由陪席判事中资深者履行日改刑诉第一七八条。

(2) 裁判原本。裁判原本，与调书异，书记不能作成之，须由判事作成之。但决定及命令，得不作成原本，而记入之于调书日改刑诉第一七九条。

裁判原本，记载为判决之理由。

裁判原本，为裁判之判事，署名盖印。陪席判事有事故，不能署名盖印时，由裁判长附记其事由。若裁判长有事故不能署名盖印，则由陪席判事中资深者附记其事由日改刑诉第一八〇条。

裁判原本，为裁判已定后之记录册，故陪席判事得附记。

(3) 裁判书。裁判书须记载受裁判者之氏名住址及年龄，如有特别规定，不在此限日改刑诉第一八一条，且盖裁判所之印。

(4) 判决书。判决书须记载受裁判者之氏名住所年龄，及会同公判检事之官氏名。

裁判书记载证据及判决，判决书仅记判决，不记证据，此二者之区别也。被告人请求判决书时，裁判所当付与之。

(5) 一般书类。前四款所述各种书类之外，一般书类，有下列通则：

（一）官吏公吏应作成之书类，须记载年月日及场所，署名盖印每叶契印日改刑诉第一八三条。契印即骑缝印。

（二）官吏公吏作成书类，不应改窜文字。如有插入削除，或栏外记入，即认印于此，且记载其字数。但削除之时，须存字体，使可认读日改刑诉第一八四条。

插入即添注，栏外记入，即记入空白。削除即涂改，削除之字，止须旁加细点，或圈其偏偶，不得将字体涂没。添改若干字，须记载其定数，否则无效。此事虽小，关系甚大。

（三）非官吏公吏者，作成书类，须记载年月日，且署名盖印。如不能署名，使他人代书，不能盖印，须为花押，或拇印。其他人代书时，代书人须记其录事由且署名盖印。

拇印即大指印，以大指甲与指纹连合之处，立指捺印。拇印之缘起，无可考，或谓立指留痕，可为证据。然人之指纹虽不同，而指甲与指纹连合之处，部分最小，大概相同，何足为证。或又谓拇印之制，昉自印度，乃宣誓之意，非以作证，此说近是。

其二　书类之送达

刑事书类之送达，除准用关于民事书类送达之规定外，有下列特别规定：

（一）当事者除检事辩护人及辅佐人，因受书类之送达，均须申报其住居于裁判所。若于裁判所所在地不有住居，则选任于裁判所所在地有住所之人，为收受送达人，申报之于裁判所。

此申报对于在同一地方之各审级裁判所,均有其效力。

以上之规定,不适于被拘禁于裁判所所在地监狱内者日改刑诉第一八七条。

（二）应申报住居或收受送达人者,如不申报,则贴附告知送达书于裁判所揭示场公示、送达。为此办法,即以贴附之翌日,认为送达之日日改刑诉第一八八条。

（三）应送达于检事之书类,送致之于检事局,即以之为送达。

第五节 期间期间虽非诉讼行为,然与诉讼行为有关系,故附论之

计算期间,以时者,自即时起算;以日月或年者,不算入初日。但时效期间之初日,不论时之多少,均算为全一日。

如上诉期间,自前审宣告判决之后一日起算。其宣告之本日,不得算入,即不算入初日之例。

称一月,为三十日;称一年,从历。

称月不从历,因月有二十八日、三十日、三十一日之差东西历二月二十八日,每四年二月闰一日,为二十九日。余月三十日,或三十一日。中历月二十九日,无二十八日,或三十日,无三十一日。从历亦不均,故以三十日均之。

期间之末日,相当大祭日,日曜日及其他裁判所之休日。除时效期间外,不算入期间内。法定期间,例如上[①]期间

---

① 此处疑脱"诉"字。

等。若应为诉讼行为者，不住居于裁判所所在地，即从其距离，酌量伸长其期限。海路，每十里日本里伸长一日，未满十里而超过三里者，亦同，但海路以二海里计算为一里。

日本一里，当中国六里。

对于在外国或在交通不便之地者，裁判所判事，得特定附加期间日改刑诉第一九二条。

第六节　裁　　判

裁判者，裁判所所为有拘束力之意思表示也。通常分之为三种：曰判决；曰决定；曰命令。此三者之区别，非裁判内容之区别，乃方式上之区别。其方式如何，诉讼法上，皆豫定之。

裁判所对于外部所为之意思表示之有拘束力者，谓之裁判。若裁判所内部之行政命令及对于外部所为之意思表示之无拘束力者，皆不得谓之裁判。例如裁判所对于原被告，为好意之劝解，虽亦为外部之意思表示，而其劝解之见听与否，基于原被告之自由，裁判官不能拘束之，故不得谓之裁判。又裁判与审理不同，讯问调查，谓之审理。审理者，裁判之预备。裁判者，审理之结果也。裁判之内容，指原被告所主张与裁判官之所是认否认而言。裁判之方式，有必经口头辩论者，有不然者。判决须经口头辩论，决定、命令，可不经口头辩论。

（甲）实施判决、决定及命令之方式

凡裁判官有单独与合议之分，于单独裁判官，则以有权限之判事一人之意见，可为关于各事宜之判决决定及命令；而于合议裁判官，则依构成法所定员数之判事，评议及议决之。其方式大略如下单独二字，中国编制法改为独任：

（1）各级裁判所合议部，如审判一定事宜，而其判事之员数及评议决议之式，不合于构成法之所定时，则可以为上告及破毁之理由合议部，中国谓之合议庭。

（2）合议部判事，原则上不准于案件半途，更改其人。中国编制法案第七十三条设一便法曰：刑事之审问，有则延至四日以上时，审判厅长官，得命推事一员，为补充推事，会审该案件，有代理他审判官之权。但此补充推事，仅有会同审理及辩论之权，必系他推事有事故，方能加入评议及决议。

（3）裁判官之评议及决议，概不公开。惟得许候补判事，入座傍听不得加入评议及决议之数。

评议及决议之颠末，并各员之意见，须严守秘密中国编制法案第七十九条。

（4）评议时，其陈述意见之次序，以官资较浅者为始，以裁判长为终；官资相同，以年少者为始。当该合议部各员，不得拒绝陈述意见中国编制法案第七六条及七七条。

裁判之决议，依过半数之意见中国编制法案第七八条。

合议裁判官评议及决议之方式，大略如上。至其为判决，则不分合议与单独，原则上皆不可不基于当事者之口头辩论。为决定时,亦不可不于公判廷听取当事者之意见日改刑诉第一九二条。至命令,则不必听取当事者之意见。

听取当事者之意见,或依口头辩论,或不依口头辩论,此皆形式上之区别。因案件有重轻,其轻微者不必用郑重之方式,即不必依口头辩论。

案件重大者,用判决,必须经当事者口头辩论;轻微者用决定,须听取当事者之意见,或依口头辩论,或否;最轻微者用命令,并无须听取当事者之意见。此三种裁判之大别也。

(乙) 裁判即判决、决定及命令**之理由**

凡裁判不分判决、决定及命令,原则上不可不附其理由。但不许上诉之决定与命令,则得不附其理由。

言渡刑罚之判决者,其理由中须示可以为罪之事实,及依证据认定其事实之理由,并所适用之法律日改刑诉第一九四条。

判决有种种,有决告无罪之判决,有管辖错误之判决,有宣告刑罚之判决。宣告刑罚之判决,关系重要,其所附理由中,须列举三事:(一)为罪之事实,如某甲于某年月日杀人是也。(二)有何证据,如某乙亲见某甲杀人是也。(三)适用何法律,如某甲杀人应科刑法某条某项之刑是也。若三事不具,虽有判决,可以上诉破毁之。

(丙) 裁判之告知日改刑诉第二九五至二九八条

告知裁判,如于当事者面前,则须依宣告之方式。于其他情形,则须依送达之方式。

宣告裁判,由裁判长为之,其方法须朗读主文。如裁判附以理由，则朗读主文时，并须告知其理由全部或要旨。

裁判书有主文、本文之别，主文系记载一定之罪名，如云被告人某甲处以徒刑五年是；本文则记载裁判之理由，一事实；二证据；三拟律。

送达裁判，除刑诉法中有特别规定外，他均准用民诉法之规定。

凡裁判，依宣告或送达告知之于当事者时，始为成立。故合议裁判官之议决，仅为裁判之原案，未可以为裁判自体也。

决定裁判成立之时，于上诉之期间，大有关系。盖上诉期间，自裁判成立之时起算。如以合议裁判官之议决为裁判，则当其议决之时，即为裁判成立之时。如此，则裁判已定，而当事者尚未及知。迨知之，而上诉期间已过半，或已满了，非所以示公平也。故裁判之成立，以既经宣告或送达告知之时为断。

第二章　第　一　审

第一审云者，第一次之审理判决是也。按其经过，始则搜查，次则起诉，更经豫审，或不经豫审而结之于公判。兹就经过之次序，说明于下：

第一节　搜　查

其一　准备起诉之搜查之目的及范围

准备起诉之搜查者，为断定提起公诉与否，搜集其必要材料之办法也。凡公诉，检事于搜集材料后，有断定提起与不提起之职权，故搜查亦属于检事之权限。

此所谓搜查办法，以断定起诉不起诉为宗旨，是故其范围，则在将：(1)悬案之行为，构成犯罪与否；(2)其行为具备诉讼条件与否；(3)何人可以认为犯人等之诸点判明之，且将：(4)有湮灭之虞之证据保全之；(5)被嫌疑人之保全等之办法实施之。其第一及第二办法，则为断定起诉不起诉之根据，而为搜查处分之主旨。至其第三至第五办法，则所以确保实施公诉之要件也。

未提起公诉前应实施之搜查处分，属于检事及其补佐官司法警察吏员之权限。因现行犯与非现行犯不同，办法亦因之而异，说详前章第三节。而提起公诉后，检事及豫审判事，亦均有继续搜查各般证据之权。

其二 搜查指起诉前之搜查，下仿此**之动机**日改刑诉第二二三条

搜查之动机，在于认知犯罪。检事及其补佐官司法警察吏员，所以认知犯罪，有出于直接的者即现行犯。有出于间接的例如报纸风闻之类。自己之见闻者，有出于自首告诉告发等他人之申告者。

自首云者，犯人告知自己犯罪于搜查官是也；告诉云者，直接的或间接的被害者告知犯罪于搜查官是也；告发云者，犯人及被害者以外之人告知犯罪于搜查官是也。三者之办法及效力如下：

自首，就犯人言；告诉，就被害者言；告发，就第三者言，皆谓之告知。其所告知之人，须是搜查官。不然，虽告知，亦无效。直接的被害者，如被略诱之女子及未成年之男子是。间接的被害者，如被略诱之女子之夫及未成年之男子之亲权者是。刑法上有所谓亲告罪，须被害之本人或其亲属告诉，而后论其罪。被害之本人，即直接被害者；其亲属，即间接被害者。

（1）自首告诉及告发，可对于犯罪地或自首人（被告人）、告诉人、告发人所在地之检事或司法警察官，以书面或口头为之日改刑诉第二一一条，参考日现刑诉第四九至五三条。

自首须告知犯罪地及自首人所在地即犯人所在地之检事或司

法警察官，下仿此，以其有管辖权故也。告诉及告发，须告知告诉人所在地及告发人所在地之检事，此检事并无管辖权若告诉人所在地告发人所在地即犯罪地或犯人所在地，则检事有管辖权，既受其告知，当即送付有管辖权之检事即犯罪地，或犯人所在地之检事，此所以保全告诉人及告发人之便利也。

自首则未被告，亦有被告而又自首者，如一罪被告因首他罪者是。

(2) 告诉为亲告罪之诉追条件，原则上须由被害者为之。如被害者死亡，其亲族得为告诉，但不得违反被害者之意。

亲告罪，如奸通罪、略诱罪是。诉追条件，为提起公诉上必要条件，与有罪条件构成犯罪要件不同。告诉为诉追条件，非有罪条件。凡亲告罪之诉追条件不完备时，虽有罪条件完备，亦不得处罚。例如奸有夫之妇，为构成奸通罪之条件。而本夫之告诉，则为诉追条件。略诱人，为构成略诱罪之条件。而被略诱者之告诉，则为诉追条件。本夫及被略诱者，为被害者，原则上皆不可不为告诉。若本夫及被略诱者死亡，其亲属得为告诉，但不得违反被害者之意。例如奸通罪、略诱罪之被害者，为顾惜名誉起见，生前讳不忍言，遗言令亲属不得告诉，亲属当代守秘密。不然，虽告诉，亦无效。盖被害者先有不可侵害之权利，后有告诉自由之权利。前者既听其蹂躏，后者又甘付牺牲，西人有恒言曰，睡于权利之上者，丧失其权利。被害者睡矣，其亲属又何妨同梦耶？

被害者之法定代理人或夫，可独立为告诉。被害者之法定代理人，如为被告人，被害者之配偶者，其四亲等内血族，或三亲等内姻族，即被害者之亲族，可独立为告诉日改刑诉第二一一条以下。

(3) 自首告诉及告发，得取消或变更之。但亲告罪或请求自取消告诉后，不得再行之日改刑诉第二一六条。

取消或变更者，因本人发见其所告知之事不真实或有错误也。亲告罪自取消告诉后，不得再行告诉，所以省手续也。

(4) 自首、告诉及告发并其取消变更等事，得委任之于代理人日改刑诉第二一七条。

(5) 官吏公吏，因行职务，如思料有犯罪，应以书面告发之于犯罪地或被告人所在地之检事。但有紧急情形时，得告发于其官吏公吏所在地之检事或司法警察官日改刑诉第二一八条。

例如收税官吏，因行职务，发见漏税之犯人，可以书面告发之于漏税地或该犯人所在地之检事。若该犯人逃走，收税官吏追及之，则得告发之于追及地之检事，所谓紧急情形是也。

(6) 关于亲告罪，或须请求之犯罪，如有对于共犯者之告诉或请求，或其取消，即对于他共犯者，亦有其效力日改刑诉第二一九条。

刑法上关于国交之罪，如胁迫或侮辱外国君主大统领之罪，必待外国政府之请求，而后论其罪。请求之办法及效力，与告诉同。因外国君主，非一私人可比，虽受侮辱，不便亲身告诉，而外国政府，又非被害者，故不言告诉，而名之曰请求。

(7) 检事或司法警察官，如听取口头之自首告诉告发，或其取消并变更，应作成调书，使申告人听取之，且署名盖印日改刑诉第二二〇条。

(8) 司法警察官受自首告诉或告发，除即决事件外，应迅速送达其书类及证据物于管辖裁判所检事日改刑诉第二二一条。

即决事件,即违警罪。中国以违警罪为行政处分之一种,由行政官厅管辖之。日本以违警罪为刑事上轻微之罪,其管辖权,以属之裁判所为原则,属之警察官为例外。

其三 搜查机关

未提起公诉前,搜查犯罪及犯罪人,以检事为其主要机关。其他与检事相当官及补佐官如下此就日本现行制言:

(1) 警视总监、地方长官指府县知事言,但除东京府知事及宪兵司令官,为司法警察官,而搜查犯罪于各该管辖地内时,有与地方裁判所检事同一权限日改刑诉第二二四条。

(2) 下列各官,为补佐检事之司法警察官,应受其指挥,搜查犯罪日改刑诉第二二五条。

(一) 警视、警部长、警部;

(二) 宪兵将校及下士。

(3) 下列各员,受检事或司法警察官之命令,为司法警察吏,应补助搜查犯罪日改刑诉第二二六条。

(一) 巡查;

(二) 宪兵卒。

(4) 于森林铁道税关及其他特定场所之犯罪,敕令所定特定吏员,有搜查权者日改刑诉第二二九条。

其四 搜查之办法

凡搜查官为达其目的,而有施行一切必要之调查之权限，且得照会公务所，要求报告搜查上必要事宜。但有下列制限日改刑诉第二二八条：

（一）不得使证人、鉴定人及通事宣誓；

（二）不得实施强制处分。

检事如以强制处分为必要，唯未提起公诉之前，得请求检证、差押、搜索、勾留被告人、讯问被告人或证人，及命令鉴定于其所属地方裁判所豫审判事，或所属区裁判所判事日改刑诉第二二九条。受此请求之豫审判事及区裁判所判事，于实施其处分，应准用豫审之规定（注意）为此请求，不以被告事件属于其裁判所管辖为必要。

检事无豫审之职权，故不得实施强制处分，如以强制处分为必要，须请求于其所属之判事。其手续甚为复杂，即此可见豫审属之裁判所，不如属之检事为便利。

豫审判事及区裁判所判事，既实施上述处分，应速送致其书类及证据物于检事，俾检事获得断定起诉不起诉之材料。检事如断定不起诉，则不可不释放勾留之被告人，且返还所领置各项物件日改刑诉第二三一及第二三二条。

第二节　起诉即公诉之提起

其一　终了搜查后之办法

检事终了搜查，则据所获之材料，决定提起公诉与否。如不能获得犯罪事实之根据；或系亲告罪，而被害者及其他有权者不提起告诉；或系提起公诉权消灭后，不须为起诉之办法。又虽认为有犯罪及提起公诉权，而其案件系不属于该检事局配置之裁判所管辖者，则其书类及证据物，俱须送致之于管辖裁判所检事局之检事，或可为即决处分之警察官日改刑诉第二三五条。

检事终了搜查后，有三种办法：一、决定起诉；二、决定不起诉；三、送致之于有管辖权之检事。此外有一重要问题，即检事获得犯罪之确实证据后，是否有起诉不起诉之自由权是也。学者解决此问题，有两个主义：一、自由主义；二、法定主义。后主义为优。参照前编第二章。

反此，认为有犯罪事实，且提起公诉于其裁判所之权，则不可不提起公诉，直求豫审或公判日改刑诉第二三二条。

可否求豫审之区别，因法律之规定而不同。日本旧刑法时代之刑诉法所规定，如下列日现刑诉第六二条：

第一、认为重罪之案件，不可不求其豫审；

第二、认为违警罪之案件，不可求其豫审；

第三、认为轻罪之案件，须据其轻重难易，决定求豫审与直求公判。

然改正刑法，废止重罪、轻罪、违警罪之区别，故改正刑诉法草案，亦拟变其办法日改刑诉第二三三条。

可处拘留或科料之案件，不须求其豫审，但与可求豫审之案件同时审理时，不在此限。关于其余案件，宜酌分轻重难易，可以决求豫审与直求公判。盖虽罪本重，而有事实简单，证据明白，不必行豫审者。中国刑事诉讼法告成时,或亦采用此主义。

其二 起诉之办法

提起公诉,不分求豫审与求公判,不可不据下列办法日改刑诉第二三四条:

(1) 于原则上,要用书面起诉状。但以急速案件为限,得用口述。

(2) 不分用书面与用口述,提起公诉,须守下列事宜:

(甲) 举示被告人之姓名,犯罪之事实及罪名;

(乙) 送致可为证据之书类及物;

(丙) 有如可检证之场所及物,并可为证人之人,即指示之。

被告人及证人之氏名不分明时,得用容貌体格及其他征表指定之。

不指定其人,则无起诉之效力。不知其氏名时,指定其容貌体格。不指定其容貌体格,则指定其他征表。其他征表者,可以分别其人之一切事宜皆是。如指定其人于某年月日在某地就何职业,即征表也。

于被害者及其他有权者告诉之案件,检事如提起公诉,或不提起之,或送致之他检事局检事警察官,及其他当该官厅,则不可不通知其处[①]于告诉人日改刑诉第二三六条。

其三 起诉之效力

适法起诉,生权利拘束之效力。权利拘束者,诉讼主体

---

① 此处疑脱“分”字。

即裁判所与原被两造与诉讼客体于刑事上即公诉是之间所生诉讼关系也，故又得名之曰既诉状态。质言之如下：

（1）凡裁判所不能审判不诉之案件谓之不告不理之原则，不得不审判既经起诉之案件，是为权利拘束之对于裁判所所生效力也。

此就裁判所受诉讼之拘束言。不告不理，既告不得不理，即所告无罪，亦须与以无罪之判决。或管辖错误，则与以管辖错误之判决，未有既诉而不审判者也。

（2）提起公诉后，原则上检事不得注销之，是为权利拘束之对于原告所生效力也。按日本现行刑诉法上，检事全然不得注销既起之公诉。然实验上此法甚为不便，故改正刑诉法，与检事以未至开始第一审辩论之前，得注销既起之公诉之权日改刑诉第二〇二条。

此就原告（即检事）受诉讼之拘束言。民事诉讼，原告为权利者，无论何时，皆得注销其诉，惟刑事诉讼不然。刑事诉讼，以检事为原告，检事代国家行使公诉权，一经起诉，即不能以己意注销。盖公诉提起之后，裁判所及当事者，均为所拘束。若检事所调查之证据不充分，或解释法律有错误，裁判所自能搜集确证，秉公判决。检事不能注销公诉，以挠裁判所审判之权。此所以维持公诉权之严重，法非不善也。然就实际上观之，则有种种不便。检事虽明知法律及事实上之主张，均有错误，而不能注销，裁判官照常审判，先以原告官所主张之事由，讯问被告，后问原告官，迨原告官陈明错误，已在裁判官讯问之后。裁判官虽不致误断，而其先对于被告之讯问,尽属徒劳。日本改正刑诉法,鉴于此弊,故许检事得注销既起之公诉,但必须在第一审未开辩论以前。因案件未经审理,尚可及早挽回也。若第一审既开辩论,则仍适用现行刑诉法之原则,不许注销。

(3) 受诉裁判所裁判权之所及以于公诉中指定之人为限,是为权利拘束之对于被告人所生效力。但关于豫审中发见之共犯,有一定例外参照豫审之说明,日改刑诉第二四一条。

此言被告受诉讼之拘束。豫审中发见共犯,(异人同案)依例外办法,其共犯之人,视为已经受诉,归案审理,不待检事另行起诉。但共犯与非共犯,须有区别,非谓豫审中发见之犯罪,皆依此例外办法也。例如审问某甲时,因甲所供述,发见某乙曾犯某罪。乙之所犯,非与甲同案,即非共犯。此时裁判所当指挥检事调查起诉,既诉而后审理。不得援照共犯办法,不待诉而拘束之也。

(4) 受诉裁别所裁判权之所及以于公诉中指定之行为为限,是为权利拘束之对于诉讼事物即既诉事物所生效力也。但关于豫审中发见之共犯,设有例外规定参照第二四一条。

此言事物受诉讼之拘束,凡非公诉中所指定之行为,裁判所无庸过问,但有例外。案虽不同,而犯罪系出一人,(异案同人)亦可审理。如审问某甲时,发见甲除本案外,更犯他罪,则不待诉而拘束之是也。

此权利拘束,至因第一审及上诉审之确定判决,或至因被告人之死亡终了其案件时,持续其效力。于权利拘束持续其效力之间,关于同一案件,如提起第二之公诉于同一裁判所，不可不与以公诉不受理之判决。提起之于他裁判所，则不可不与管辖相违之宣告也。

甲检事已起诉，而乙检事不知，重新起诉，是为第二之公诉。

第三节 豫 审

本节所述，根据日本现行法，以豫审作为起诉后准备公判之裁判，使豫审判事行之，与中国立法主义不合。日本此制，乃沿袭法德诸国之成例，明知其不便而不能更新，所谓积重难返也。中国刑诉法草案，以豫审作为起诉前准备公诉之处分，由检察厅行之。按之法理，征诸实际，有各国之长，而无其短。此为中国刑诉法之特色，实为世界最新之法例。此后各国改正刑诉法，必取法中国无疑。但中国豫审办法，尚无完备之规则。兹特详述日本现制，以供参考按冈田氏素主张检事管辖豫审之说。此次为中国草订法院编制法刑事诉讼法，即以豫审属之检察厅。编制法草案，经法部宪政编查馆两次核定，仍以豫审改属审判厅。故现行编制法第九十条规定检察官刑事上职权，以实行搜查处分，提起公诉，实行公诉，监察判断之执行为限，不及豫审。第二第三条，规定审判厅权限，虽亦无管辖豫审明文，然各级审判厅试办章程，明定审判厅有豫审权限，已赅括于编制法第十三条所谓其他法令之中。将来刑诉法告成，必不能与编制法互异。是冈田氏所主张，在中国亦不能见诸实行。姑存其说，以俟来者。

其一 豫审之目的范围及性质

豫审为准备公判之诉讼办法，故其目的，在于搜集调查各种资料，决定交付被告案件于公判与免诉。

豫审之目的，在于决定交付案件于公判与否。故其调查范围，亦须以此决定上必要事宜为其限度也日改刑诉第二三七条。但可认为于公判难调查之事宜，及为被告人准备辩论而可认为必要之事宜，便宜上不可不调查之于豫审中。

豫审之性质，或以之为纯然之搜查处分，或以之为准备公判之诉讼办法。按豫审之目的，在决定交付案件于公判与否，而搜集调查各种资料。故其所实施，均系搜查处分。然于其形式，则有原告官，有被告人，裁判官介于其中，实施审理，不可不谓为具备诉讼之性质也。

其二　开始豫审之要件

开始豫审，须有检事之请求，或有案件之移付，或有大审院之命令。

（甲）检事之请求。检事请求豫审办之办法，或于起诉状中记载之，或口述其趣旨。而检事如用口述请求豫审，则记载其请求及其他必要事宜于调书。豫审判事及裁判所书记，须署名盖印日改刑诉第二三八条。无请求，不能开始豫审。但日本现行刑诉法上及改正法案上，俱设例外如下：

现行刑诉法第一四二条豫审判事，如先于检事，知有重罪，或地方裁判所应管轻罪之现行犯，而其案件系要急速者，则不待检事之请求,直通知其旨,而得着手豫审参照日现刑诉第六七条。

改刑诉案第二四一条　豫审判事行豫审时,因而发见被告人有本受公诉之犯罪,即不待豫审之请求,而得为急要处分,其发见有未受公诉之共犯时亦同。

豫审判事实施此处分,须通知检事。而检事收受通知后,如为不起诉之回答,或于通知后四十八时间内,不请求豫审,则豫审判事,不能继续该处分日改刑诉第二四一及二四二条。

(甲)案件之移付。上级裁判所,认为必要分离共犯中一部,移付其案件,豫审判事,得着手其豫审参照日现刑诉第一八四、一九五、四二一条,改刑诉第六二四三条。

(丙)大审院之命令。大审院长,关于该院特别所管犯罪,得命他裁判所判事行豫审。受命判事,即须实施豫审,且送付书类及证据物于大审院日改刑诉第四〇一条以下。

其三　豫审

豫审判事,于检事起诉之范围内为准备,有下列权限:

(1)豫审判事,关于被告人之呼出、勾引、勾留日改刑诉第七六条,或检证、差押、搜索同第一一八条,或证人、鉴定人之呼出、勾引、讯问同第一四九、一六一条,有与裁判所同一权限,得实施各种必要之强制处分。

(2)豫审判事,如认为被告人因疾病及其他正当事由,不能应呼出,则得就被告人之所在讯问之。应为所勾引之被告人,有同一事由时,亦同日改刑诉第二四〇条。

(3)豫审判事,意图实施检证、差押或搜索时,须豫通知其时日及场所于豫事辩护人但以改选定辩护人时为限及不勾留之被告人。而其检事辩护人及被告人,得莅场于检证、差押及搜索处分日改刑诉第一九〇及一一〇条。又检事及辩护人,得莅场于鉴定同第一五九条。

豫审判事,意图讯问可认为难重呼出于公判之证人时,须通知之于检事及辩护人。而检事及辩护人,得莅场其于讯问日改刑诉第一三九条。

(4) 豫审判事,于必要情形,得嘱托讯问被告日改刑诉第九三条、实施检证差押搜索同第一一八条、讯问证人鉴定人同第一四九及一六二条于其裁判所所属豫审判事参照同第二四三条。

(5) 豫审判事,得照会公务所,请求于实施豫审上必要事宜之报告日改刑诉第二四四条。

(6) 检事于豫审中,不分何时,得请求认为必要之处分于豫审判事。又于不妨豫审进行之限度,不分何时,得阅读豫审书类及证据物日改刑诉第二四五条。

辩护人于豫审判事认为终了被告事件之调查,交付书类及证据物于检事之后,得阅览书类及证据物,且誊写书类日改刑诉第一一六及一四六条。

其四 豫审先决决定前之办法日改刑诉第二四六条至第二五〇条

第一、豫审判事,于被告案件,如认为必应调查,既经终了,须交付书类及证据物于检事。

第二、豫审判事，于下列情形，如交付书类及证据物于检事，须附其意见书：

(1) 认被告案件，不属于其地方裁判所之管辖或其管内区裁判所之管辖时；

(2) 认为可与免诉之决定者时；

(3) 认为可与弃却公诉之决定者时。

第三、检事收受书类证据物及意见书，如认豫审判事之调查为不十分，即得指示其事宜，且请求调查。

豫审判事，如因检事之请求，实施调查，须交付其书类及证据物于检事。若不应请求，则须从速通知其趣旨。

第四、检事阅读调查一切书类及证据物后，须添附其意见书，请求裁判所之先决决定。

第五、裁判所得因检事之请求，以自己之职权，于其与先决决定之前，命部员实施必要事宜之调查。

除可以与管辖错误及免诉弃却公诉之决定等情形外，如交付被告案件于检事，即得于其决定前，命部员再调查为决定付否于公判必要事宜。此调查准用豫审上规定。

其五　豫审先决决定

豫审先决决定分为四种：曰管辖错误之决定；曰免诉之决定；曰弃却公诉之决定；曰交付案件于检事之决定。其分别如下：

（甲）可以言渡管辖错误之决定之情形。

被告案件，不属于其地方裁判所及其管内区裁判所管辖时。

（乙）可以言渡免诉之决定之情形。

（一）被告案件不为罪时；

（二）经确定裁判时；

（三）因犯罪后施行之法律，其刑废止时；

（四）于法律免除其刑时；

（五）经大赦时；

（六）公诉时效完成时。

（丙）可以言渡弃却公诉之决定之情形。

（一）须待告诉或请求而后受理之案件，有告诉或请求之注销时；

（二）须待告诉或请求而后受理之案件，无告诉或请求时；

（三）无公诉之提起时，或提起公诉办法违背其规定时；

（四）有公诉之注销时；

（五）关于审理中之案件，及裁判未确定之案件，更有公诉时；

（六）被告人不服从本国裁判权时；

（七）被告人不服从通常裁判所裁判权时；

（八）被告人死亡时。

（丁）可以言渡交付案件于检事之决定之情形。

除前述三种情形外，均须言渡交付案件于检事之决定。

其六　决定后之处置日改刑诉第二五二条至第二五五条

（1）言渡管辖错误免诉或弃却公诉决定时，当然有言渡放免被勾留之被告人之效力。

（2）言渡管辖错误或弃却公诉，认为有勾留被告人之必要时,即得维持前发勾留状之效力,或新发之,交付案件于检事。

(3) 言渡管辖错误免诉或弃却公诉之决定时,当然有言渡解除差押或领置之效力。但凡还付物件于提出者以外之人,须为还付之决定。

(4) 言渡管辖错误或弃却公诉而认为有其必要时,即得维持差押或领置。

(5) 对于先决决定,得为抗告,其期间为三日。

抗告期间内及既为抗告时,不可不停止决定之执行。

(6) 请求豫审之案件,除有管辖错误免诉及弃却公诉之决定时外,检事须举示其犯罪事实及罪名,且实施请求公判之办法。

第四节　公　　判

公判者,依终局判决结了本诉本案之诉讼之办法也。于原则上公开法庭,故名曰公判。

其一　开始公判之要件

开始公判有二要件:一则有有罪之嫌疑是也。凡立法庭受刑事讯问,均系人之所嫌忌,故非有罪之嫌疑极有根据,则不应开始公判,不待言也。一则案件系属于公判裁判所是也。其情形有二:曰检事请求开始公判;曰由上级裁判所移送案件是。

无有罪之嫌疑，而使受刑事讯问，则大害其人之名誉信用。故开始公判时，以有有罪之嫌疑为第一要件。案件系属于裁判所，非由请求，即由移送。日本刑诉法，除此两种情形外，更有因豫审之决定以其案件移送公判之时，是为第三种情形。中国刑诉法，拟以豫审属之检事，故第三种情形，即包括于检事请求之内。

其二　准备公判之行为

有罪之嫌疑，渐有根据，其案件已系于裁判所，于是准备公判。

凡案件不分经豫审与否，检事如请求公判，须实施于开始公判上必要之下列行为：

(1) 公判期日之指定或变更。公判之期日及其变更，由裁判长定之。如当事者请求变更期日，由裁判所决定其许否。但弃却请求之决定，须送达之当事者日改刑诉第二七一条。

指定或变更期日，为开始公判上最重要之事，所以促诉讼之进行也。裁判所对于当事者之请求，须决定其许否。许其请求时，止须告知当事者。若弃却其请求，则必依送达之方式。

(2) 被告人等之呼出。既定公判期日，须呼出被告人、辩护人、辅佐人及其他一切诉讼关系人日改刑诉第二七二条。

辩护人及辅佐人之呼出，原则上用送达呼出状之方式。但如于法庭口达次回[1]之赴场，则可不送达呼出状。

---

[1] 日语词，意指“下回”。

法庭口达次回之赴场，谓裁判官于第一回公判时，面令辩护人等次回赴场也。

地方裁判所，对于被告人所发呼出状，于其送达与第一回公判期日之间，不可不存三日以上犹豫。但于被告人不挟异议时，得于此期间内，开始公判日改刑诉第二七三条。

三日以上犹豫，谓许被告人于发呼出状之三日后赴场。盖被告人赴场之先，有必要之豫备行为，若限其即日赴场，则时间太促，故许其延缓三日。但已被拘留之被告人，及不挟异议之被告人不存三日以上犹豫被告人亦不以为太促，皆可于三日内令其赴场，开始公判。此为例外办法。

（3）证据之搜集。凡证据得搜集之于实施豫审中，及公判之调查证据中。然有不经豫审之案件，及虽经豫审而不能待开公判之急速案件，于此情形，即效判所受命判事亦同得于开始公判前，实施检证、搜索、差押及领置等，以搜集保全各项证据。

公判之调查证据，在已开公判之后。本项所谓搜集证据，乃准备公判之行为，当于未开公判前为之。故凡急速案件之不能待开始公判者，无论曾否经过豫审，皆可由裁判所实施检证等处分。

（4）辩护人之选任。辩护人有协定、法定及裁判定之分，既如前述。其选任有时属于准备公判上必要行为。凡被告人于提起公诉后，不分何时，得选任辩护人，被告人之法定代理人或夫亦然日改刑诉第一六三条。被告人及其法定代理人或夫，如不选任辩护人，则裁判所因下列分别，或须选任之，或得选任之。

须选任，谓必须选任；得选任，谓可选可不选。

（甲）按多数立法例，重大刑事被告案件，不可不附辩护人，谓之法定辩护人。日本现行刑诉法第二百三十七条，定以重罪案件，必要附辩护人。改正草案第二百六十条，定该当无期刑或死刑案件，不可不有辩护人，而开始公判。故于此种案件，如未选任辩护人，或所选辩护人不出庭，则裁判长须以其职权附罚①辩护人。

何种案件，为重大刑事案件，各国法例不同。日本现行刑诉法，以重罪案件，为重大案件，而不言何等重罪。改正草案，则明定无期徒刑及死刑，为重大案件。此种案件，必须附置辩护人。

（乙）于下列情形，如未选任辩护人，或所选任辩护人不出庭，则裁判所因检事之请求，或自己之职权，得为附置之决定日改刑诉第六一条。

有下列情形，应否附置辩护人，裁判所得自由决定。得者，两可之词，非谓必须为附置之决定也。检事之请求，亦有得请求得不请求之意。

（一）被告人系未满二十者时；

（二）被告人系妇女时；

（三）被告人系聋者或哑者时；

（四）被告人有精神障碍之疑时；

---

① 原文为“罚”，疑为“置”之误。

（五）因被告案件之状况，裁判所认为必要时。

该案件之中，杂有种种法律上问题。被告人因无法律知识，无从置喙时，裁判所得为附置辩护人之决定。

以上甲乙两类之辩护人，由裁判长选任之于裁判所所在地辩护士即律师或司法官试补中。若被告人利害不相反时，得使一辩护人为数被告人之辩护日改刑诉第二六二条。

其三 公判庭之组织及要件

公判庭者，裁判官、检事、裁判所书记、被告人及其他关系人，各着身于其座位，而后开始之。被告人及其他关系人，有时可不列庭被告人不列庭时，得为缺席裁判。惟裁判官、检事及书记，非列庭不可。此三者缺一，则法庭不能成立。

（1）裁判官。凡实施公判，法定员数之判事，不可不继续出庭，后事审理。盖审理中判事若有变更，则恐其不能通观前后事理，而与以不当之判决。故于审理中有判事之变更，若不更新其办法及非补充推事，而从事于审理，则得依上诉破弃其裁判。

凡审判案件，原审判事，须继续出庭，始终其事。若审理中有判事之变更，则于案情始末，不甚了了，判决必不能公平。故于审理中有判事之变更时，不可不更新其办法，或使补充判事审理之。不然，其裁判为无效。

终结审理而当宣告判决之时，同一判事，须莅场否，日本现行刑诉法，无明文规定。故学者之论，未能一致。按审理既终结，评论亦一定，则所余唯有表示所议决之一事，耳同一判事会同于此事与否,毫无关系于被告人之利害。故改正刑诉案拟定于宣告裁判之时,同一判事,可不出庭日改刑诉第二五六条。

评论一定,则被告人之利害关系,亦已确定。例如合议裁判所,关于某案,调查既终,则开会议,议定而后判决。其议定之时,即评论一定之时,亦即确定被告人利害关系之时。

参照法院编制法第七十三条:凡刑事案件,审问有延至四日以上者,审判衙门长官,得另派推事一员莅视,为补充推事。补充推事,于庭员有疾病及他事故不能继续审判时,有代其审问及完结之权。

(2) 检事及裁判所书记。此亦为组织公判庭上必要之职员,如其中缺一,则为可破弃之裁判。但不必要同一检事及书记继续莅场,是与关于判事之规则有异也。

不必要同一检事继续莅场之理由有二:(一)检事上下为一体,可以彼此替代。(二)检事为原告,其所主张之事由,业经书记记录,按籍可稽。原检事虽不莅场,并无妨碍。书记专司记录,所记具在,虽其人有变更,而其所记录,初不因之而变更。总之法律上所以有同一人继续莅场之规定者,因恐其变更裁判也。除判事外,如检事及书记,皆系不能变更裁判之人,故无继续莅场之必要。

(3) 被告人。被告人不出庭,除有特别规定情形外,不得实施公判办法。

原告主张被告犯何罪,则被告人为本案最重要之人。其所陈述,为本案最重要之证据。若被告人不出庭,则与直接审理之原则不合。但有二个例外：(一)被告不出庭亦与被告无甚利害关系时；(二)被告有不得已之事由时。皆听其不出庭。

参照。日本现行刑诉法第二二六条：受呼出之被告人，或应处罚金以下之刑之被告人不赴庭，则(中略)可为阙席裁判。

被告人受呼出而不出庭，即可为阙席裁判。此种规定，在法理上为不当，改正案已删去此项。

同第二二七条。于应处禁锢刑之案件被告人不赴庭，则以送达豫审终结之言渡书或公判之呼出状于本人之情形为限，得为阙席裁判。

改正刑诉法第二八九条。辩论终结后，被告人虽不出庭，而可宣告判决。

辩论终结，与审理终结同。审理终结后，审理之判事，虽不莅场，亦可宣告判决。辩论终结后，被告人虽不出庭，亦可宣告判决，其理由正同。

同第二九〇条。被告人出庭而不肯陈述，或为维持秩序，而由裁判长命退庭，则得不听被告人之辩论而为判决。

本条所规定，可视为对于被告人所施之制裁。

同第二九一条。于应处罚金以下之刑之被告案件，受呼出之被告人不出庭，得不听被告人之辩论而为判决。

被告人于公判庭，不受身体之拘束，使不致丧失思想之自由。然有时因被告人有危险行为，故得置看守者日改刑诉第二五八条。

古时被告人一涉公庭，辄受身体之拘束。种种酷刑，使被告人丧失常度，无思想之自由。近世则不然，惟料知被告人有暴动之虞时，得置看守者如巡捕是，所以防其暴动，亦非拘束其身体。

出庭之被告人，非有裁判长之许可，不得退庭。又裁判长为使被告人出庭，得为相当处分日改刑诉第二五九条。

(4) 辩护人。依法律须置辩护人之案件现行法重罪案件，改正案应处刑死及无期徒刑案件，如不待辩护人出庭而为审理，是为违法办法，得依上诉破弃之。故辩护人亦有时不得不认为公判庭必要之人员也。

辩护人有法定、裁定、协定三种，本项指法定辩护人而言。此辩护人，亦为公判庭组织之要素。日本大审院，即有此判决例。先是某裁判所审理一重大案件，不待法定辩护人出庭而为审理。该裁判官谓辩护人为保护被告利益而设，被告人不出庭时，以辩护人出庭为必要。若被告人自身在庭，则辩护人可以无有。该案被告人不服裁判，提起上诉。经大审院判决，谓凡依法律应置辩护人之案件，如不待辩护人出庭，则裁判为不完备。此判决解释法理，折衷至当，至今学者称之。

(5) 法庭之公开。凡诉讼之辩论及裁判之宣告，公开法庭为之参照法院编制法第①五四条以下。

其四　公判审理办法日改刑诉第二七四条以下

于公判之期日，裁判长及其他陪席判事、检事、裁判所书记、被告人等俱赴场，遵下列办法，实施其诉讼。

(1) 开庭指挥秩序。公判庭由裁判长开始之此时使庭丁呼入被告等，而诉讼审问之上席、指挥及开庭中维持秩序之

① 原文为“条”，疑为“第”之误。

权,亦属于裁判长参照法院编制法第五八条以下。

(2) 被告人氏名等讯问。于公判开始之时,裁判长先讯问被告人氏名、住址、年龄、职业等可以发见有无人之错误之事宜,告以为被告事件开始审判之事。

(3) 检事陈述被告事件要旨。于裁判长终了如上之讯问之后,检事陈述被告事件之要旨。而口头辩论,即以此陈述为其开始时期。

检事依起诉之形式,陈述被告事件之要旨,如云于何时何地见被告犯何罪因之提起公诉是也。此为口头辩论开始之时期,在刑诉法上,有重大之关系。盖检事之得取消公诉与否,以曾否开始辩论为断。既开始口头辩论,则检事无取消公诉之权。故何时为开始辩论之时期,不可不豫为决定。或谓审判长宣告开始口头辩论,为开始辩论之时期,或谓检事陈述要旨为开始时期,或又以被告初次答辩为开始,时期其说不一。法律上为杜争论起见,特设规定,凡刑事诉讼之口头辩论,以检事陈述要旨为开始。

(4) 证据调查。于检事陈述被告事件之要旨后,裁判长关于被告事件,讯问被告人,着手于证据调查。

裁判长讯问被告人氏名时,尚未问及被告事件,至是始提出讯问之。讯问被告人,即调查证据之一种方法。诉讼法未进步时代,辄认调查证据,在讯问被告人之外,是于调查证据之根本观念,尚未了然也。

被告人之讯问及证据之调查。于原则上,由裁判长实施之。但陪席判事及检事,告之裁判长之后,得讯问被告人及证人。被告人亦得请求裁判长以讯问认为必要之事宜于证人、鉴定人及共同被告人。

陪席判事，若与裁判长同时讯问，则秩序紊乱，故原则上由裁判长实施之。但陪席判事及检事，告知裁判长之后，不必俟裁判长之许可。亦得讯问，裁判长不得拒绝其告知。陪席判事及检事，亦不得不告知而讯问。被告人请求裁判长，既得许可后，即由被告人直接质问证人、鉴定人，未为不可。但诘问之际，易起冲突。故诉讼法上规定被告人请求后，由裁判长以必要之事宜讯问证人、鉴定人。被告人之请求，须得裁判长之许可。与陪席判事及检事之告知，不须得裁判长之许可不同。

证据之可为判决资料者，须系裁判所直接调查者，但以诉讼法所列举书类图画为限。虽系他裁判所官厅及吏员所作成者，亦得作为证据，作为判决资料日改刑诉第二六四条至第二六七条。

为判决资料之证据，须裁判所直接调查，此为原则。例如管辖区域内有杀人案件，该裁判官例当临检。若该裁判官委令书记前往调查，以书记之报告，为判决之根据，则为违法。盖其判决资料，非直接调查而得者。但有例外办法，如受嘱托之裁判所，及有共助条约之外国之裁判所，所调查之证据，亦得为判决资料。裁判所以外之官厅，及吏员作成之者，亦然。例如警察官厅所作成之人民年龄职业表，亦得为判决之资料是也。但此例外之适用，须有法律之根据。何种证据，得不由本裁判所调查，诉讼法上，皆有明文规定。

证据书类，或裁判长朗读之，或裁判长使裁判所书记朗读之。如当事者不挟异议，告以书类之要旨，以代朗读。

书类篇幅太长，当事者又无异议时，则可摘告要旨，以代朗读。

证据物不可不示被告人，而裁判长每终了各个证据调查后，须问被告人关于此有无意见，又告以得提出于己有利之证据也。

以证据物示被告人时，不可使其物入被告人之手。日本裁判所之表示证据物，系以其物供之几上，令被告人能见而不能取，所以防其破毁也。各个证据调查终了时，须问被告人有无意见。如有证据物三项：一、有血痕之衣；二、行凶之器；三、犯罪之书信。此三项须分别提问，若合此三种证据，为一次之讯问，则被告人仓猝不能尽其词，或因不注意而有遗忘。虽有意见，未及供述，如是，则不能得其情实矣。各个证据物表示提问之顺序，由裁判长酌定，无法律上之限制。裁判长又须以得提出利己之证据之机会，告知被告人。此皆法律所规定，裁判所不履行此手续，则为违法。

当事者请求唤问证人、检证鉴定或其他调查时，裁判所先决定其许否。

当事者赅检事及被告而言，唤问与讯问异。讯问则证人已列法庭，唤问则证人尚未出庭，俟唤出而后讯问。如甲乙丙丁，皆为证人。甲乙已出庭，丙丁未出庭。当事者可请求唤问丙丁，裁判所对于此等之请求，须先为许否之决定。如裁判官意存偏袒，明知某种证据，利于当事者之一方，对于此一方之请求，故为不许之决定。此当事者虽能抗告，然不如依简易手续，请求忌避裁判官有偏颇之虞。不必提起抗告。

裁判长如认为证人、鉴定人或共同被告人，不得为十分之陈述于被告人之面前，得于其陈述中，使被告人退庭。但证人、鉴定人或共同被告人终了陈述后，即使被告人入庭，告以其陈述之要旨。

证人、鉴定人或共同被告人，不得为十分之陈述于被告人之面前，其例有二：（一）证人等为被告人之亲友，有特别之关系，不便证明被告有罪时。（二）被告为极有势力之人，证人因畏后祸，不敢证明其有罪时。

（5）检事之论告。于终了证据调查之后，检事陈述事实点及法律点之意见。

调查证据后，即须论告。检事宣言某种证据可凭，某种证据不可凭，被告实犯某罪，是为事实点之陈述。次主张宜据刑律某条科断，是为法律点之陈述。

（6）被告人之答辩。于检事陈述意见之后，被告人得为答辩，辩护人辅佐人等亦同。被告与检事，互相辩驳，至再至三，务使两造各尽其词。但最终之辩论，必属之被告。

（7）辩论最终之陈述。检事及被告人等，得更陈告意见。但于辩论之最终，必不可不使被告人陈述意见，但被告人得抛弃此权利。

诉讼法原则上，原被告为同等。因恐被告人之他①位，不足与检事对抗，故予被告以最终陈述之权。以最终之陈述，足以感动裁判

① 原文为“他”，疑为“地”字之误。

官故也。但被告无可陈述时,亦不必强令陈述,故被告人得自由抛弃此权利。

(8) 辩论之再开。虽终结辩论后,而裁判所如认为必要时,得再开之。

据定例,凡诉讼终结辩论后,裁判官须于三五日内为判决。若此期间内发见他项证据,有再开辩论之必要,则再开之。

(9) 公判停止。被告人罹精神障碍时,裁判所于其障碍继续中,即停止公判。又被告人罹他疾病不能出庭时,即于其得出庭时为止,停止公判。但应处罚金以下之刑之案件,许可代人出庭者,不停止公判。

凡轻微案件,以从速断结为便,故许代人出庭,不必停止公判。本项所谓停止公判,皆就未开公判时言之。若已开公判之后,因被告罹精神病及其他疾病,停止公判,则另有办法,如下述。

于开始公判后,因被告人罹精神障碍,停止公判时,裁判所须从新实施公判之办法。因为其他事由,停止公判,继续七日以上时,得按情形,从新实施公判之办法。

精神病非一朝夕之故,当其病未发见于外部时,必先有内部之障碍,是为精神病之潜伏期。未开公判之前,发见精神病,则停止公判,别无问题。若已开公判之后,发见精神病,则停止公判之效力,溯及于未停止公判之前。其以前之辩论,为精神病潜伏期之辩论,言论与意思,不能一致,其辩论概不足为凭,此后须从新实施公判手续,前之公判,皆为无效。已开公判之后,因被告人罹他疾病,停止公判,虽无须更新公判手续,然以七日为限。若停止至七日以上则前之公判，仍为无效。

（10）异议之决定。当事者关于裁判长所为处分，申立异议，裁判所即先为关于其异议之决定。

裁判长调查证据后，须讯问当事者有无异议，并决定其异议之当否，不当则却下。若当事者对于却下异议之决定，有不服之理由，则可以独立提起抗告。

其五 判决

判决有中间判决与终局判决及对席判决与阙席判决之分。

（一）中间判决。中间判决者，因有特定事由，对于当事者之请求，于公判之诉讼进行中，不分何时，所与之判决是也。

凡诉讼进行中所为之判决，皆为中间判决。

当事者得请求中间判决之事由，各国法定情形不同。

诉讼进行中，裁判所对于当事者之请求，或为判决，或为决定，各国诉讼法规定不同。据日本改正刑诉法所定，凡诉讼进行中，当事者所请求，如系重要事件，如下列三种，则依判决之形式断定之。如系轻微事件，如请求唤问证人等事，则依决定之形式。

第一、管辖之错误。

第二、可免诉之事由但以被告事件不为罪为理由者，不在此限。

可免诉之事由有五详后，惟被告事件不为罪之判决，属于终局判决，余皆得为请求中间判决之事由。

第三、可弃却公诉之事由但以公诉之注销为理由者，不在此限。

可弃却公诉之事由有八详后，既经注销公诉，虽同为弃却公诉之事由，而不得为请求中间判决之事由。盖许其注销公诉之判决，乃终局的判决，其事已了，无所谓中间判决也。

日本改正刑诉法第二百四十七条所列举，除第二第十一项外，均得为请求中间判决之事由。盖如有此等事由，虽继续诉讼，而其办法亦属于徒劳，故对于此等事由之有无可先与判决。

二四七条第二项，即被告事件不为罪之事由；第十一项，即以公诉注销为理由。

裁判所认中间判决之请求为有理由，则分别情形，与以第一管辖错误，第二免诉，第三公诉弃却之判决日改刑诉第二八一条。即无当事者之请求，裁判所亦得以其职权，与以此种中间判决。

裁判所认其请求为有理由，则与以三种判决，使该案件离开裁判所之系属日语谓之门首拂拂即挥之门外之意。

反此，中间判决之请求，无其理由时，即裁判所用判决之方式，弃却其请求。

弃却中间判决之请求时，得对于此判决，提起上诉。未至判决确定之前，停止公判之办法。

当事者对于弃却请求之判决，得提起上诉。该裁判所于其提起上诉之后，未至判决确定之前，须停止公判之办法。因上诉裁判所，如以其请求为有理由，则该案件仍应离开该裁判所故也。若上诉之判决确定，当事者丧失其所主张，则该裁判所仍续开公判。

（二）终局判决。终局判决者，于一切证据调查及口头辩论终结后所与判决是也。

此与日本民诉法上终局判决之意义不同，民诉法上终局判决，谓有此判决，则案件终结，脱离于诉讼关系之外。此所谓终局判决，专指调查证据及辩论终了后所为判决而言，并不问此判决之效力如何。

终局判决，有下列五种：

第一、管辖错误之言渡论断。

或谓管辖有错误时，诉讼人须赴该管裁判所起诉，案件并未终结，故管辖错误之言渡，不得为终局判决，此说非是。既宣告管辖错误，则案件离开裁判所之系属，该案件虽未终结，而对于管辖错误之裁判所，已断绝其关系，不得谓非终局判决也。

第二、刑之言渡。有犯罪之证明时，即为此言渡。

第三、无罪之记渡，其情形有二：

（1）无犯罪之证明时。

有罪无罪，为实体法上问题；有无证据，为诉讼法上问题。无犯罪之证明，则无从着手审判，故宣告无罪。此为裁判上不得已之情形，其起诉则出于检事之错误，盖检事误认证据为已足也。

（2）被告事件不为罪时。

第四、免诉之言渡。免诉与弃却公诉，结果相同，而原因不同。公诉弃却之原因，乃公诉要件不完备。免诉之原因，大别为二种：一在诉讼法上认为案件已经完结；二在实体法上不能科刑。故免诉之情形有五：

（1）既经确定裁判时。

(2) 因犯罪后施行之法律其刑废止时。

(3) 于法律免除其刑时。

刑之免除，与刑之废止不同。刑之废止，乃犯罪在新法施行之前，其罪名为新法所未有，无刑之可科，并无罪之可言。刑之免除，乃刑法上免除其刑，而其罪并未消灭。例如自首全免亲族相盗不科刑是。

(4) 经大赦时。

仅举大赦，不言特赦全部免除、减刑一部免除，因特赦减刑，在裁判确定之后，不生免诉之问题，而大赦则有时在裁判之前。

(5) 公诉时效完成时。

不言刑之时效完成，亦因其为裁判确定后之关系，无所谓免诉也。而公诉时效完成，则在裁判确定之前。

第五、公诉弃却之言渡，其情形有七：

(1) 于亲告罪有告诉(或请求)之注销时。

注销告诉，则公诉之要件不完备。请求者，谓凡关于侮辱外国君主公使之罪，必待外国政府请求而后科刑。因事关外国政府，特示优异，故不言告诉，而谓之请求详本章第一节。

(2) 于亲告罪无告诉(或请求)时。

即检事出于错误，不待告诉，而提起公诉时。

(3) 无公诉之提起时，及其提起办法违法时。

不告不理，为诉讼法上大原则。未经提起公诉，裁判所误审理其事，则为弃却公诉之原因。故公诉之弃却，不以既经提起之公诉为限，无公诉之提起时，亦得为弃却公诉之判决。此种情形，虽为事实上所罕见，然不能不有此规定。起诉违法，无起诉之效力，与未起诉同。

(4) 有公诉之注销时。

(5) 在审理中及裁判未确定之案件更有公诉时。

案件未经裁判,及裁判未确定时,再行起诉,与刑诉法上一事不再理之原则不合,故弃却其诉。

(6) 被告人不服从本国裁判权时。

如有领事裁判权之国之人民是。

(7) 被告人不服从通常裁判所裁判权时。

(8) 被告人死亡时。

在诉讼中死亡,则为中间判决;在诉讼终死亡,则为终局判决。

(三) 对席判决与缺席判决。对席判决者,被告人列席公判庭,经其口头辩论之后,所与判决是也。反此言之,为缺席判决。得为缺席判决之范围,各国立法例上,不无异同。日本改正刑诉法案所规定如下第二八九条至第二九一条:

第一、辩论终结后,或被告人不出庭,而仍宣告判决。

虽经过辩论,而宣告判决时,被告人不出庭,亦为缺席判决。

第二、被告人出庭而不肯陈述时,及为维持秩序而裁判长命其退庭时,即得不听被告人之辩论而为判决。

出庭而不辩论,及辩论而经斥退,皆与未出庭同。

第三、于应处罚金以下刑之案件,被告人受呼出而不出庭时亦同。

轻微案件,被告人虽不出庭,亦得为判决。

日本刑诉法所定缺席判决之范围,甚为狭小。中国刑诉法,当与日本同。但除上三项外,尚有可为缺席裁判之时。例如犯罪人逃往外国，该外国与内国，无交犯条约，而其罪证确足时，亦可为缺席裁判是也。盖缺席裁判之制度，所以维特①实际上之便利。被告人既不出庭，若悬案不断，则罪名永久不能确定，失刑罚之威信，故不如暂时断结之为便。且缺席裁判，仍无害于被告人，如果刑过其罪，被告人不妨提出异议，请求改正。并非一与判决，即成定谳也。

（四）判决之准备及成立。辩论终结后，如即时判断，则失之过早，故法律必与裁判官以熟考之时间日改刑诉案第二九五条定为七日。系单独裁判官，则专行之；系合议裁判官，则开会议，评论议决之。议事规则，详构成法。

判决之告知，或依宣告，或依送达。其依宣告者，由裁判长为之，且须朗读主文，告知理由。判决即于告知时成立。

宣告用口头，送达用书面。判法之成立，非成立于评议议决之时，乃成立于告知就宣告言或到达就送达言，为受信主义之时。上诉之期间，自判决成立时起算。故判决于何时成立，诉讼法上不可无明文规定参照本编第一章第六节。

（五）判决之内容。判决依断案与理由二者而成立。

断案有管辖错误、科刑、无罪、免诉及公诉弃却五种，须记载于判决主文之中，故或略称之曰主文。

理由亦有事实上与法律上之分，原则上，判决须表示此二种理由，但有少数例外。

（甲）科刑之判决。此判决中，事实上及法律上理由，如缺其一，即得依上诉破弃之。

① 原文为“特”，疑为“持”字之误。

事实上理由，包有构成及加减犯罪事实。故判决中，亦不可不表示之。但酌量减轻之事实，及法定刑罚内加减之事实，虽不表示，而不得以为破弃判决之理由也。

日本裁判所裁判案件，凡酌量减轻及法定刑罚内加减之事实，均不表示，仅举其引用之条文，此为日本之惯例。其理由以为事实认定权，属之裁判所，毋庸表示事实。法国判决例，凡加重减轻，均列举其事实，务使诉讼关系人及一般之人，皆知其加减之理由，藉以证裁判之公平，防裁判官之枉法。其法较日本惯例为优。

表示事实上之理由时，即不可不列举认定其事实之证据。凡表示事实，而不例举认定其事实之证据之判决，亦为应破弃者也。

法律上理由中，包含一切有关系于判决刑法正条。故如与以酌量减轻，并须表示其正条。

表示法律上理由，即表示适用法律上某条之理由。适用法律，与拟律意义稍别。中国从前问案官之拟律，不过对上官陈述意见，仍须听上官之命令。故其所谓拟律，尚未达适用法律之程度。

（乙）无罪、免诉、公诉、弃却、管辖错误之判决。此等判决，亦以表示事实上及法律上理由为原则。但因证据不充分与以无罪之判决时，得仅表示事实上理由。又因新法废止刑罚与以无罪之判决时，得仅表示法律上理由，此为例外。

（六）判决后之处置。因判决之种类如何，或释放被勾留被告人，或还付差押物品。此等处置，与预审先决决定后应执行之处置，并无大差。

判决后之处置，因判决之种类而异。如系有罪之判决，则使检事执行刑罚，如系无罪，则释放还付。

（七）诉讼费用之担负。裁判所对于受刑之被告人，须言渡诉讼费用之担负，其金额于特别法定之。

第三章　上　　诉

第一节　通　　则

其一　上诉之定义及种类

上诉者，将裁判之未至确定者请求其注销及变更于直接上级裁判所之诉讼行为也。

裁判未确定者，上诉期间未经过，上诉方法未用尽之谓。中国刑诉法草案规定上诉必于直近上级审判厅为之，由初级审判厅起诉者，准赴地方审判厅控诉，再赴高等审判厅上告；由地方起诉者，准赴高等控诉，再赴大理院上告，概不许越级上告。此为原则，但各国法制不同。日本新刑诉法，上诉不以直近上级裁判所为限。由区裁判所起诉者，准赴地方裁判所控诉，再不服，可径赴大审院上告。大审院非区裁判所之直近上级裁判所，亦可上诉，此为例外办法。故中国与日本，虽同采用三审制度，而实不同。其例如下：

日本　一头二列三审

第三审	第二审	第一审
大审院	控诉院、地方	地方、区裁判所

中国　二头二列三审

第三审	第二审	第一审
大理院、高等	高等、地方	地方、初级

上诉有三种：曰控诉；曰上告；曰抗告。控诉及上告，得对于未确定之判决提起之。抗告，对于未确定之决定及命令，以法律所特许情形为限，得提起之。而上诉之理由，亦大别之为三：

第一、以前裁判所为犯罪事实之认定为不当者；

第二、以前裁判所执诉讼之办法为违背法律者；

第三、以前裁判所为法律之适用为违背刑法之规定者。

控诉及抗告，分别情形，得以前揭三种事宜，均为其理由。惟上告专得以第二及第三之事宜，为其理由也。

上告以有法律上之理由为限，控诉、抗告，则无论为法律上之理由，或事实上之理由，皆得为之。然不可因此谓控诉与抗告无分，控诉为对于判决之上诉，乃本案全体之关系；抗告为对于决定命令之上诉，乃手续上之关系。例如被告窃人财物，为窃盗罪，而裁判所误认其行窃时有强暴之举动，断为强盗罪。被告不服，提起控诉，此上诉之有本案事实上理由者也。或裁判所明知其行窃时并无暴行，而误科以强盗罪，被告不服，提起控诉，此上诉之有本案法律上理由者也。控诉之理由不同，而皆与本案全体有关系。抗告则不然，例如原被告请求传集特定之证人，裁判所应停止本案之进行，先决定其请求之当否。倘该证人必须传集，而裁判所却下其请求，则原被告可以此为抗告之理由。此与本案全体无关，乃手续上之关系。抗告亦有事实上法律上之分，例如裁判官谓原告不曾请求证据上之决定，原告主张曾为口头之请求，提起抗告，是为事实上之抗告。又如裁判官谓据证之决定，不妨俟之本案手续完毕之后，原告谓宜先予决定，提起抗告，是为法律上之抗告。

其二　有上诉权者

上诉由当事者提起之，但有下列区别：

第一、原告官于被告不利之上诉，与有利之上诉，并得提起之。盖原告官之上诉，无非请求正当适用法律，不问其利于被告否也。

第二、被告人唯于自己有利之请求，得提起之。若欲变更前裁判，为自己不利益之上诉，则为法律所不许。

上诉之制度，不专为保护被告，而以保护被告为本旨，故被告不许为不利己之上诉。

其三　上诉期间

提起上诉，不可不行之于法定期间内日本现刑诉法，控诉五日，上告及抗告三日。改刑诉法，控诉七日，上告五日，抗告据情形而不同。如空过此期间，则上诉权消灭，裁判确定矣。

上诉期间太长，则权义关系，久不确定；太短，又恐原被告不及预备。中国刑诉法草案第三七二条，拟定控诉期间为七日，第三九一条，拟定上告期间为五日。

抗告有须登时提起者，有予以三日之犹豫者，各视其情形缓急而定。

于一定期间内，不提起上诉，而其原因存于天灾及其他不可避之事故者，得疏明其事实，回复提起上诉权。

中国刑诉法草案第三六三条至第三六七条，有详细规定。疏明系日本法律名词，中国刑诉法改为声叙疏明与证明之区别见前。

第二节　控　　诉

其一　控诉之性质

控诉者，对于区裁判所或地方裁判所第一审终局判决请求其全部或一部之注消或变更之上诉也，直近上级裁判所管辖之。

中国刑诉法，拟改控诉为控告，上告为上控，终局判决为终行判决，中间判决为先行判决。控告以对于区判裁所及地方裁判所第一审之判决为限，大审院虽兼第一审，然无所谓控诉，以其并为终审故也。控诉又以对于第一审之终局判决为限，故中间判决，无所谓控诉。

控诉之性质有二说：一则以之为前审之复审；一则以之为前审之续审。就法理上言，以后说为是。

控诉之性质，无论民刑事，学者解释，皆分两派。此两说结果相同，惟办法名[①]异。控诉裁判所，有独立调查权，必不受前审之拘束。此二说相同之点也。其不同者，在原则上之办法，复审说以从新调查为原则，以承认前审手续为例外；续审说则以承认前审手续为原则，以从新调查为例外。

其二　控诉之范围

凡控诉对于判决之一部，亦得提起之。于此情形，控诉裁判所，应对于所控之部分而行裁判。

---

①　原文为“名”，疑为“各”字之误。

凡控诉,对于前审判决之全部或一部,皆得提起之。有学者谓刑事上无一部之控诉,此说非是。日本刑诉法及中国刑诉法草案,皆认有一部之控诉,裁判所各视其所控之分量而行审判。然有时虽非全部之控诉,而不得不行全部之审判。例如被告人以前审判决中所定刑罚为太重,请求减轻。止求减刑,不言无罪,是为一部之控诉。但刑罚以事实为根据,将决定其应否减刑,须调查全案事实。又如前审判决,以某证人之言为根据,大不利于被告,被告请求复核该证人之言,是否属实,亦为一部之控诉。倘该证人之言不足凭,则须全翻原案,另予判决。此种控诉,表面上虽属一部,而实际则涉及全部,皆当行全部之审判。至何种控诉,实际上专属一部,当视其控诉之内容而定。简单言之,凡不必牵涉前审判决之全部,而可以行判决者,乃一部之控诉也。例如某甲杀人,以死刑为主刑,没收凶器为从刑即附刑加,但凶器须是甲之所有物,方能没收。若没收之后,甲提起控诉,声明此项凶器,并非己物,实系第三者所有,不当没收。此时控诉裁判所上①须调查此物是否属甲所有,予以一部之判决,不必涉及本案之全部。又如裁判所误认犯人为职官,除科本刑外并判革职。该犯人本无职可革,提起控诉,控诉审止须调查其是否职官,毋庸调查原案,是皆一部之控诉也。

提起控诉人,如不限定所控部分及虽限定所控部分,而有关系于全部,则须认为全部之控诉,行全部之审判。

一部之控诉,须指明其所控之一部,不指明一部者,皆全部之控诉。

---

① 原文为“上”,疑为“只”字之误。

其三　控诉之办法

意图行控诉之人，须提出其申立书于第一审裁判所。而第一审裁判所据此申立，将诉讼书类及证据物，送致之于该裁判所检事，由该检事再送致之于控诉裁判所检事。

中国刑诉法，改申立为声明。凡行控诉者，若不于第一审提出申立书，则控诉审须行文第一审，调取书类证据物，手续较为复杂，不如呈请第一审先行送致之为便。必由检事送致者，因检事为原告，使得藉此陈述意见也。

于期间经过后提出之控诉申立，第一审裁判所，须以决定弃却之。

控诉有一定期间，第一审既下判决，如有不服，须于七日内提出控诉申立书。第一审据此申立书，不问其控诉有无正当理由，皆当送致书类证据物于控诉审。盖第一审裁判所，并无考查控诉内容之权利也。惟期间经过后提出之控诉申立，第一审可不受理。

控诉公判庭之组织及办法，较之第一审公决，大同小异。

其四　控诉之判决

控诉判决之种类如下：

（一）弃却公诉之判决。控诉办法，违背规定者及控诉无其理由者，则与以弃却控诉之判决。

违背规定，如已经过法定期间或未指明所控之人与事是。无其理由，如控诉内容有不法或不当是。

（二）控诉之判决。控诉有其理由者，则注销前判决，与以相当判决弃却公诉无罪减轻等。

相当判决，即弃却公诉无罪减轻等判决。弃却公诉，谓弃却前审检事之公诉，使前审判决，全部无效。

（三）还付案件于原裁判所之判决。第一审裁判所，不当认为非所管辖者，及不当弃却公诉者，则与以注销前判决，还付案件于原裁判所之判决。

还付之判决，乃因第一审并未审理此案，故还付之。

（四）第一审之判决。前裁判所不有管辖权，而不当认为有管辖权而行审判者，控诉裁判所，如有第一审之管辖权，则注销前判决，自与以第一审之判决如无第一审之管辖权与以管辖错误之判决。

各裁判所依事物管辖之规定，无管辖权者，不能行审判。例如应科死刑之案件，属地方裁判所管辖。若区裁判所误行受理，则控诉之后，地方裁判所得注销前审判决，自与以第一审之判决。但地方裁判所，又各有土地管辖。若该案件应归甲地方裁判所管辖，则受诉之乙地方裁判所，不能下第一审之判决，当与以管辖错误之判决。又如皇室犯罪及国事犯，为大审院第一审且终审之案件。若区裁判所误行受理，与以判决，迨提起控诉，而地方裁判所，亦无管辖权，即不能取消前审判决，止能为管辖错误之判决。

本节专说明控诉审与第一审不同之点，其略而不载者，概与第一审办法同，但控诉之中，有所谓附带控诉。日本刑诉法，有特别规定，而改正刑诉法，及中国刑诉法草案，无此名目。其事为实际所常见，似宜增入。例如第一审判决，科被告以三年徒刑，原告官颇不满意，以为当科四年徒刑，方为刑称其罪。但三年四年，相差尚不甚远，可不必提起控诉。不料被告方以三年徒刑为过重，先行控诉，要求减轻。原告官为所激动，亦随时提起控诉，是为附带控诉，即双方之控诉，特原告官之控诉，由被告促其动机，实为被告控诉之反动力，故名之曰附带。

第三节 上 告

其一 上告之性质及范围

上告者，于地方裁判所及控诉院中国所谓高等审判厅所与第二审终局判决有违法时，请求其注销或变更之上诉也。

上告专对于第二审终局判决提起之，对于第一审终局判决，无所谓上告；对于第二审中间判决，亦无所谓上告。有学者谓裁判所及当事者，均以省事为便。当事者若自愿抛弃控诉权，对于第一审判决，径行上告，似无不可。不知上诉之本旨，无非欲改正前审之判决，欲改正第一审之判决，即可藉正式之控诉，以达其目的。且控诉之内容，无论主张事实上或法律上理由皆可，非如上告之以法律上理由为限。是控诉较上告为便，又何必越级上告乎此与绪论第二章废控诉审之说，并无冲突。前说就立法主义言，此就诉讼手续言。

上告者，仅于以第二审判决之违法为其理由时，准提起之，不得以犯罪事实认定之不当为上告理由。

上告惟对于违法之第二审判决，得提起之。其理由有二：（一）事实之认定，宜有限制。裁判所调查事实，固不厌求详，然既经第一审控诉审两次调查，则事之真相，已无可遁。若上告之后，仍以事实不当为词，则调查终无了日，诉讼不能进行，必生种种窒碍。故上告实[1]事实为理由者，为法律所不许。但此系原则，有时出于例外，三次调查事实，如控诉审之再审是；（二）上告审专为统一法律之解释，其制度滥觞于法国之 Cassation 破毁裁裁[2]判所。破毁前审之判决。既为解释法律而设，则不复调查事实，乃当然之事。

日改刑诉法第三三〇条，以下列十种情形之判决，为必然违法者，准为上告之理由。上告理由，不以此十种为限，但此十种为上告理由中之最有力者。中国刑诉法草案第三八九条以下参看。

（一）于判事检事或裁判所书记不出庭时行审判者。

（二）依法律被除斥于执行职务之判事干与审判者。

中国刑诉法，改除斥为屏除。

（三）因有偏颇之虞，为所忌避，其忌避之申立有理由之判事干与审判者。

中国刑诉法，改忌避为拒却。

（四）除土地管辖外，不当认为有管辖权者，及认为无管辖权者。

土地管辖，虽有错误，与案情无甚关系，不能上告。

（五）裁判所不当受理公诉者及弃却之者。

不当受理公诉，如亲告罪未经被害者告诉，裁判所受理检事之

---

① 原文为“实”，疑为“以”字之误。

② 此处原文疑衍“裁”字，删一。

公诉是。不当弃却公诉,如非亲告罪裁判所不受理检事之公诉是。

（六）除法律设以特别规定之情形外,于被告人不出庭时行审判者。

审判原则,必须被告到庭。其例外有三:(一)审理时须被告到庭,审实之后,被告虽不到庭,亦可宣告判决。(二)被告人不守法庭秩序,或始终不肯陈述,裁判官可不听被告人之辩论而行审判。此为对于被告人之制裁不听辩论,即为制裁,非故予以不利之判决。(三)轻微案件,被告经传唤而不出头,裁判所可不听其辩论而行审判。以上三种情形,日本改正刑诉法草案第二八九至二九一条,中国刑诉法草案第三四七至三四九条皆有特别规定。此外尚有种种情形,如法兰西法系诸国刑诉法所规定,凡被告人远出,或有疾病及其他事由,皆可不俟被告人出庭而行审判。其所定缺席裁判之范围甚广,此法虽甚便利,然裁判既名缺席,即不能不许被告为故障之申立,被告仍得要求从新审判。故缺席裁判,有名无实,其范围不宜太广。中国刑诉法草案,拟以前述三种例外为限。除此三种外,若裁判所不俟被告出庭而行审判,其审判为无效,得以上告破毁之。

（七）不附以法定辩护人而行审理者。

选任辩护人与否,为被告人之自由。但重大案件,必须使被告附辩护人。不然,则审判无效。日本旧刑法,以重罪为重大案件;改正刑法,无重罪轻罪之分。凡犯死罪及无期徒刑之被告人,必须附辩护人。中国刑诉法第三一五条规定,处一等有期徒刑以上之被告人,须附辩护人。

（八）除法律上有特别规定之情形外,裁判所对于受请求之事宜，不与以判决者；及对于不受请求之事宜，与以判决者。

刑事诉讼，以不告不理为原则。反观之，则告无不理也。有请求而无判决，有判决而无请求，皆与原则不合，准其上告。惟法律有特别之规定时，不在此限。例如手续上管辖错误及调查证据等之请求，须用决定形式，不必予以判决。应与决定而不决定，亦止能抗告，不能上告。

（九）违背公开审判规定者。

审判以公开为原则禁止公开时，须宣布其禁止之理由，无理由而不公开，有理由而不宣布，皆为违背规定。

（十）判决不附其理由者及理由龃龉者。

上告理由，以此种为最多。凡判决须有事实上法律上之根据，事寔[1]上根据，即所认定之事实；法律上根据，即所引用之条文。若漫无根据，或有根据而未能明确宣示，皆可上告。例如甲枪杀乙，甲应科某刑，洋枪应没收，判决中应先叙明本案之事实，并说明所引用之法律。若仅言没收洋枪，不说明没收之理由，则事实上理由不具；或说明没收之理由因其可以杀人，不说明所引用之法文，则法律上理由不具。是谓不附其理由。若判决中已说明没收洋枪之理由，而所据法文，误引"因犯罪所得之物应没收"一条，则为理由龃龉。盖没收洋枪，非因其为犯罪所得，乃因其利用此物以杀人也。此种判决，皆足惹起上告。

如上十种情形，俱系必然之违法。除此十种外，有以违背法律为理由者，原则上均准其上告。但诉讼办法违法，而其影响不及于判决者，不准以之为上告之理由。此乃例外

① 寔，同"实"。

规定也。

诉讼办法违法,如判事出庭不穿制服,送达文件不由执达吏而付邮便等情形是。因与判决无关,故不得为上告之理由。

其二　上告之办法

意图行上告之人,须提出申立书,且须于一定期限内日改刑诉法十日呈上告趣意书于控诉裁判所。上告趣意书,应记载不服之事宜及其理由。

申立书系说明所以上告之理由,提出申立书之期限,日本定为十日,中国刑诉法草案三九一条定为五日。因申立书只须说明上告之理由,犹豫期间,无取过长也。提出申立书之后,须于十日内呈上告趣意书中刑诉三二条。若上告趣意书,有所未尽,可于十日后再陈意见,谓之扩张上告趣意书中刑诉四百条。

被告人或其辅佐人提出之上告趣意书,不可不有辩护人或受任辩护士之署名。

上告纯是关乎法律上问题,无法律上知识之人,提起上告,往往毫无实益,故须辩护士署名,以证明其有上告之必要。

其三　上告之判决

上告判决之种类如下:

(一)弃却上告之判决。上告办法违背其规定者,及上告无其理由者,与以此判决。上告办法违背规定,如上告之时,已经过法定期间是。过期始提出申立书,控诉裁判所当弃却之。若控诉裁判所不曾注意,代为送致,则上告裁判所与以弃却之判决。又如上告不提出趣意书,亦可弃却。上告无其理由，如主张事实上理由是。

（二）破毁原判决之判决。上告有其理由者，则与以破毁原判决中系上告部分，及与此有关系之部分之判决。

于上告裁判所破毁原判决时，须依下列处置：

（甲）其出于下列理由者，上告裁判所，亲自与以相当判决。

甲之一，为判决不适用法律即不拟律及误其适用即拟律错误。

未引用法律，或引用错误，上告裁判所须从新拟定，或更正。说明引用刑律某条，谓之拟律，观判决之原文，虽可揣知为引用某条，然未经揭示，与不拟律同。

甲之二，受理应免诉或弃却公诉案件。

中国刑诉法草案三四五条第二项，有免诉之规定，三四五条第三项，有弃却公诉之规定。

（乙）其出于下列理由者，与以还付案件于原裁判所之判决。

乙之一、原裁判所不当认为无管辖权；

乙之二、原裁判所不当弃却公诉。

于前二种情形，上告裁判所如认为必要，得直接还付其案件于第一审裁判所。

必要情形，如某案应归第一审裁判所裁判，而该裁判所不受理，控诉审裁判所，亦认第一审裁判所之不受理为正当。及上告之后，上告审以此案本应属第一审管辖，仍发还第一审。

（丙）其出于原裁判所不当认为有管辖权者，与以移付其案件于管辖控诉裁判所之判决。但于必要时，得与以直接还付其案件于第一审裁判所之判决。

（丁）其出于前揭三种以外之理由者，分别情形，或与以还付案件于原裁判所判决，或与以移付之于与原裁判所同等且邻近裁判所之判决。

凡上告案件，原裁判所未经调查详尽者，可发还原裁判所调查。若原裁判所亦无可调查，则移付他裁判所调查。

第四节　抗　告

抗告系对于决定及命令得提起之上诉，而其情形，法律上豫列举之。

抗告有一定之限制，非对于一切决定命令，皆可抗告也。

列举主义有二种：（一）积极列举主义。凡准抗告之情形，法律上以"对于此决定或命令得抗告"之文字，一一明示之者是也。日本现行刑诉法所采属于此。（二）消极列举主义。凡不准抗告之情形，法律下一一明示之，其他概准抗告。日本改正刑诉法所采属于此。就保护公益上言，第二主义，盖优于第一主义也。

积极主义，以不许抗告为原则，故许其抗告者，皆列举之；消极主义，以遂其抗告为原则，故不许抗告者，皆列举之。消极主义，较为正当。中国刑诉法草案四一四条，为原则办法。四一五条，则列举不许抗告之情形。又规定对于命令，概不许抗告，此为中国刑诉法之特色，可以省事，并无流弊。

第四章　非 常 诉 讼

非常诉讼者，请求确定判决之注销或变更之诉讼也。其别有三：曰再审；曰再诉；曰非常上告。

非常诉讼，对于通常诉讼而言，并非特别重大案件。

第一节　再　　审

再审者，关于不当认定犯罪事实之判决，于确定后，请求其改正之诉讼是也，法律所准之范围不同。

提起再审，系主张事实上理由。若主张法律上理由，则为非常上告。已确定之判决，须维持其效力。若无论何项判决，皆可请求改正，则裁判之效力，甚为薄弱，失司法之威严。故各国法律，皆严定再审之范围，惟各国法例不同，兹专言日本法。

日本现行刑诉法第三一条以利于被告之事为限，许其请求再审，法文所揭之情形如下：

第一、关于杀人罪，既有刑之宣告，而有被害者于犯罪后仍生存，或于犯罪前已死去之确证时。

第二、关于同一案件，非共犯者，另受刑之宣告时。

第三、以犯罪前作成之公正证书，证明当时不在其场所时。

如其人于犯罪前已领护照，游历外国，则当时不在其场所可知。

第四、因陷害被告之罪，有受刑之宣告者时。

第五、以公正证书证明诉讼记录有伪造或错误时。

第六、判决凭据之民事上判决，为他确判定决所废弃或破毁时。

例如民事上判决，判定某物为甲所有，刑事裁判所，以此裁判为根据，对于占有此物之乙，疑为盗取，处以窃盗罪。续经民事裁判所调查确实，知此物本为乙所有，更定判决。前之民事判决，既为后之民事判决所弃毁，则刑事判决，失其根据，亦为无效。又如有夫奸通罪，刑事裁判所判定之后，发见该妇早经民事裁判所判令离婚。既属无夫，则奸通非罪，前之刑事判决，当然无效。

日本改正刑诉法，依下列分别，被告有利之再审，与不利之再审，并准行之。此与中国刑诉法草案第四四二条之规定同。

于下列情形，得提起被告有利之再审日改刑诉第三七七条。

第一、判决所据之证据，为确定判决所证明其伪造或变造时。

日本刑法，有变造伪造文书之罪。中国刑法，止言伪造，伪造赅变造言，意义较广。

第二、判决所据之证言鉴定或通译，为确定判决证明其虚伪时。

第三、有诬告受刑者之人,因确定判决,受诬告罪之刑时。

第四、干与被告案件裁判之判事,关于其案件,犯职务上之罪,因确定判决受其刑之时。

第五、判决所据之通常或特别裁判所裁判,为确定裁判所变更时。

此与前述日本现刑诉法三〇一条第六号情形相同,但现刑诉法以民事上判决为限。此赅通常或特别裁判而言,较为正当。例如陆海军判决,有时亦与刑事判决有影响,非徒民事判决,得为刑事裁判之根据也。

第六、对于受刑者,新发见可以宣告无罪免诉或弃却公诉之明确的证据,或可以宣告于原判决较轻之刑之明确的证据,因其证据,得直接认知原判决之不当时。

于下列情形,得提起被告不利之再审同第三八〇条。此规定为日现刑诉法所未有。

于裁判所或裁判所外自白犯罪事实者,有下列情形时:

(一)前段第一第二及第四之情形;

(二)受无罪免诉或弃却公诉之宣告者;

(三)受于相当较轻之刑之宣告者。

此三种情形,中刑诉草案四四四条,亦有此规定。

再审之请求,分别情形,于第一审裁判所控诉裁判所或上告裁判所受理之。如其请求为有理由,则与以开始再审之决定。于当该审级之裁判所,从通常办法审判之。

欲为再审之诉者，应提出趣意书于原裁判所。原裁判所检事，添附意见书，提出于上告裁判所。开始再审之决定，由上告裁判所为之。而再审之案件，则由原裁判所同等之裁判所裁判之。此为原则，中国刑诉法草案，关于再审之管辖，及再审之实行，均有详细规定中刑诉第四四五四四六条。

第二节　再　　诉

再诉者，对于受免诉或弃却公诉之决定之被告人，于决定确定后，发见新证据或新事实，因再开诉讼之办法是也日改刑诉第三七九条。

No bis in item 一事不再理，为诉讼法上一大原则，再诉为例外。日本现行刑诉法，无所谓再诉，实际殊多不便。凡免诉或弃却公诉之决定确定后，虽发见新事实新证据，明知该被告有罪，亦置不理，致纵有罪人于法律之外。改正刑诉法，始有再诉办法。中国刑诉法草案，亦采用之见四三三至四一一条。再诉乃专对于受免诉弃却公诉之决定之被告人为之，故无被告人提起再诉之事，惟检事得提起之。

第三节　非 常 上 告

非常上告者，不分第一审与第二审，于终局判决有违法时，确定之后，请求注销或变更之上诉是也。较之通常上告，其间有下列异同：

第一、通常上告，与非常上告，均唯得以审判之违法为其理由，不得争论事实点，此为通常上告与非常上告相同之点。即通常上告、非常上告与再审不同之点。

第二、前者须于上诉期间内提起之，后者非判决确定后，则不得提起之。

第三、前者须系不服第二审判决者，后者不分系第二审与系第一审也。

第四、前者一切当事者得提起之，后者唯司法大臣日现行制度或检事总长改正案得提起之。

得提起非常上告者，依日本现行刑诉法，为司法大臣。依改正案，为检事总长。改正案之理由，因非常上告，系要求正当适用法律，本为司法事务，并非司法行政事务，故使检事总长为之。中国刑诉法草案四五八条，规定非常上诉，由总检察厅丞，向大理院提起之，与日本改正案同。

非常上告之范围，因诉讼法之规定而不同。

违法之判决，不尽可为提起非常上告之理由。盖判决既经确定，不可轻易变更。若无论何时，得请求变更，则法律上"经过若干时，则判决确定"之规定为无益。故非常上告，有一定之限制。

日现刑诉法第二九二条，以下列二种判决为限，准提起非常上告：

（一）对于法律不罚之行为而宣告刑者；

（二）所宣告之刑较之法律所科过重者。

此非谓在法律所定之范围内，失之过重范围内稍重，仍不能上告，乃谓所宣告之刑，超过法定之范围。例如二等有期徒刑，法定期限，为五年以上十年以下。若宣告十二年之二等有期徒刑，则超过法定范围之外，是为宣告之刑，重于法律所科之刑。

日现刑诉法准提起非常上告之宗旨，唯在于救济被告不利之判决。改刑诉法案，舍此主义，取下列规定：

（一）案件之审判违法者，均得提起非常上告，而裁判所与以下列判决：

（甲）原判决违法者，破毁其违法之部分。但原判决所宣告之刑，系被告不利者，破毁之，并与以相当判决。

（乙）原裁判之诉讼办法违法者，止破毁其办法。

（丙）非常上告，若无其理由，则弃却之。

（二）于非常上告所与判决，除甲号但书情形外，其效力不及于被告人。

不问是否利于被告，是为概括主义。中国刑诉法第四六〇条，亦有此规定。

由是观之，日改刑诉法之宗旨，非惟救济被告不利之判决，亦所以统一解释法律，垂范于全国裁判所也。

第五章　特别办法

刑诉法上有所谓特别办法，须视其规定如何，初无一定。日本改正刑诉法所谓特别办法有二：一系大审院之特别办法；一系监置及惩治之办法。

就广义言，再审、再诉、非常上告皆可称为特别办法。但日本改正刑诉法及中国刑诉法，所谓特别办法，意义较狭。

第一节　大审院之特别办法

属于大审院之特别权限，应于该院行第一审且终审之审判之案件者，须由检事总长，行其搜查处分。而控诉院以下各级裁判所配置之检事及司法警察官，亦须行搜查处分，报告于检事总长。

终结搜查处分，犯罪嫌疑，系有实据者，即由检事总长请求其豫审于大审院。据此请求，大审院长，命该院判事实行豫审，但于必要时，得命之于他裁判所判事。

大审院管辖案件，皆关系重大，必须经过豫审。本节所述，系日本办法，与中国将来办法不同。中国刑诉法拟以豫审归检察厅，终结搜查处分后，不必移交大理院，即由总检察厅丞命行豫审。见中刑诉四六五条。

应注意者，检事总长搜查之后，若发见此案不应归大审院管辖，则检事总长，不必自向大审院起诉，得命令相当之检事，赴控诉院或地方裁判所起诉。若初以为应属大审院管辖，提起诉讼，且经过辩论，行将终结，此时始发见不应属大审院管辖，则又不必发交他裁判所，仍由大审院与以终局判决，以省手续。中国刑诉法第四六八条，亦有此规定。

豫审及公判之办法，除前段所揭者外，大概与普通案件之办法同。

第二节　监置及惩治之诉讼办法

监置者，拘束危险的精神病者之行政处分也。惩治者，对于无责任年龄者所施之感化教育是也。请求此二种之处分，据日本改正刑诉法第四百六条以下之规定，准用刑事诉讼法之办法。

监置惩治，本为行政处分，不在刑诉法范围之内，然事实上与刑事诉讼相接近。有无精神病，曾否达责任年龄，均须由裁判所调查，查实而后施以监置惩治之处分，故准用刑事诉讼之办法。若将此二种处分，定为单行法，亦不过寥寥数语，不成为法典，故不如附之刑诉法为便。中国刑诉法草案第四七〇至四七四条，亦有此规定。

第四编　裁判之执行

裁判非确定后，不得执行之。但有少数例外。而其指挥权，原则上属于该裁判所配置之检事。

中国刑诉法，尚未确定，无可为说明裁判之执行之根据，故本编从略。裁判之执行，为刑之执行之一种，而性质各有不同。既宣告刑罚，付诸实行，是为刑之执行。宣告裁判，付诸实行，为裁判之执行。有有罪之裁判，有无罪之裁判。凡宣告无罪之裁判时，释放已被拘禁之被告人，即为裁判之执行。又如拘禁有罪嫌疑人，调查其犯罪之证据，查封其物品，果系有罪，则没收其物。系无罪，则还之本人。交还查封之物，亦为裁判之执行。故裁判之执行，兼有罪无罪两方面而言。刑之执行，则皆以有罪为前提，未有无罪而罹①于刑之执行者也。上诉期间已过，方法已尽，裁判不能变更，是为确定。确定始得执行，此为原则，然不无例外。例如上诉期间，未经过时，被告表示抛弃上诉权之意思，则该被告人所受之裁判，因此发生执行力。又如宣告被告为无罪时，检事提起上诉，例应将被告仍付拘留。然为宣告之裁判所，得本于尊重人民自由之理由，于推定该被告人不致脱逃之范围内，虽上诉期间未经过，亦可执行无罪之裁判，将被告人释放。

执行裁判之指挥，须用书面行之，且添以裁判所书记所作成裁判书之誊本或钞本。

自由刑及死刑，由监狱官吏执行；拘留为最轻自由刑，由警察执行；财产刑，由执达吏执行，均受检事之指挥。书记须作成誊本或钞本，以证明其无错误。

---

① 原文为“惟”，疑为“罹”字之误。

执行死刑，由司法大臣命令之。裁判所申报宣告死刑之判决于司法大臣者，乃为上奏请旨决定有无恩典起见，决非复核判决当否之方法。不然，则以行政权蹂躏司法之独立矣。

死刑判决，须申报司法大臣，由该大臣上奏请旨。因君主有恩赦之大权，未知应处死刑者能否幸邀恩典，故须奏明，非谓死刑决判，须由君主复核其当否也。凡裁判由裁判官定之，虽主权者亦不能变更，此之谓司法独立。

图书在版编目（CIP）数据

刑事诉讼法/(日)冈田朝太郎口述;熊元襄编;
李凤鸣点校.—上海：上海人民出版社,2013
(清末民国法律史料丛刊.京师法律学堂笔记)
ISBN 978-7-208-11880-5

Ⅰ.①刑… Ⅱ.①冈… ②熊… ③李… Ⅲ.①刑事诉讼法—研究 Ⅳ.①D915.304

中国版本图书馆CIP数据核字(2013)第258774号

责任编辑　曹怡波
封面装帧　王晓阳

清末民国法律史料丛刊·京师法律学堂笔记

刑事诉讼法

[日]冈田朝太郎 口述
熊元襄 编
李凤鸣 点校

世纪出版集团
上海人民出版社出版
(200001　上海福建中路193号　www.ewen.cc)
世纪出版集团发行中心发行
上海商务联西印刷有限公司印刷
开本635×965　1/16　印张13.75　插页4　字数138,000
2013年12月第1版　2013年12月第1次印刷
ISBN 978-7-208-11880-5/D·2381
定价 35.00元